UNIVERSITÉ DE PARIS — FACULTÉ DE DROIT

LA QUESTION

DES

RÈGLEMENTS D'ATELIER

1116

THÈSE POUR LE DOCTORAT ÈS-SCIENCES POLITIQUES ET ÉCONOMIQUES

Présentée et soutenue le Mardi 8 Novembre 1904, à 8 heures

PAR

HENRI LALLE

Président : Mr JAY, *Professeur.*
Suffragants : { MM. BOURGUIN, *Professeur.*
PERREAU, *Agrégé.*

PARIS

Maison d'Editions, AD. BONNET et Cⁱᵉ

40, RUE DES ÉCOLES, 40

1904

UNIVERSITÉ DE PARIS — FACULTÉ DE DROIT

LA QUESTION

DES

RÈGLEMENTS D'ATELIER

THÈSE POUR LE DOCTORAT ÈS-SCIENCES POLITIQUES ET ÉCONOMIQUES

Présentée et soutenue le Mardi 8 Novembre 1904, à 8 heures

PAR

Henri LALLE

Président : **Mr JAY.**

Suffragants : { **MM. BOURGUIN**, *Professeur.*
{ **PERREAU**, *Agrégé.*

PARIS

Maison d'Editions, AD. BONNET et Cie

40, RUE DES ÉCOLES, 40

1904

BIBLIOGRAPHIE

DES PRINCIPAUX OUVRAGES A CONSULTER

Bodeux. — Études sur le contrat de travail.

P. Bureau. — Le contrat de travail. Le rôle des syndicats professionnels.

Cailleux. — La législation belge sur les règlements d'atelier.

Cornil. — Du louage de services.

Glasson. — Le Code Civil et la question ouvrière.

Hubert-Valleroux. — Le contrat de travail.

Imbert. — Rapports entre patrons et ouvriers dans la grande industrie.

Raoul Jay. — Etudes sur la question ouvrière en Suisse.

Raoul Jay. — La protection légale des travailleurs.

Lambert. — Essai sur la protection du salaire de l'ouvrier.

Moissenet. — Etude sur les contrats collectifs en matière de conditions du travail.

Pic. — Traité élémentaire de législation industrielle.

Raynaud. — Le contrat de travail.

Waelbroeck. — Cours de droit industriel.

INTRODUCTION

« Les mesures dont l'ensemble constitue ce qu'on appelle la direction d'une industrie se rangent naturellement, écrit Sidney Webb[1], sous trois chefs principaux : 1° le produit à exécuter, l'objet ou service qu'il s'agit d'offrir au public ; 2° le mode de production, le choix des matières premières, des méthodes de fabrication, des agents humains ; 3° les conditions de l'emploi de ces agents humains ; conditions sanitaires, air, lumière, chaleur, risques d'accidents, intensité, rapidité, durée du travail et salaires. Sous le régime de l'esclavage, le maître règle à sa guise, en autocrate, sans consultation, les trois ordres de mesures. Sous le régime de la petite industrie, l'ouvrier indépendant les règle également à sa façon. Il en est autrement sous le régime moderne de la grande industrie. Ici les mesures de la première classe appartiennent exclusivement au patron ; il en est de même de la deuxième classe, réserve faite du retentissement que les mesures de cet ordre peuvent avoir sur les mesures de la troi-

(1) Revue de Paris, 15 décembre 1897.

sième classe. Enfin les mesures rangées sous le troi-
sième chef ne peuvent être réglées isolément ni par
le patron ni par les ouvriers, mais doivent, si nous
admettons les principes fondamentaux du Trade-
Unionisme, faire l'objet d'un contrat entre les représentants des patrons et les représentants des ouvriers
organisés. »

C'est la théorie du contrat collectif. Doit-on
chercher à en développer la pratique en France, ou
doit-on s'en tenir au contrat individuel? Cette der-
nière opinion est celle qui tend à prévaloir dans les
industries textiles. Nous ne voulons pas rechercher
ici les avantages d'une pratique ou de l'autre, ou si
la solution ne doit pas être le contrat individuel,
mais un contrat individuel qui serait une sorte de
codification des usages, des clauses des contrats
individuels normaux. Ce n'est pas le but que nous
nous proposons; nous voulons simplement faire
constater que le contrat collectif ne peut se développer encore en France; car ce serait analyser le
mouvement syndical français avec un bandeau sur
les yeux que d'y découvrir quelque chose d'analogue
comme intensité et puissance au mouvement du
Trade-Unionisme ou des unions patronales du
Royaume-Uni, des Etats-Unis et des Colonies dites
Anglo-Saxonnes. Les deux directions portent le
même nom: cela est entendu. Mais elles se ressem-
blent aussi peu que les usages parlementaires de
Westminster et les coutumes du Palais-Bourbon.

En l'absence donc de contrat collectif de travail,

accepté par tous les patrons et ouvriers d'une région,
nous nous trouvons en présence de contrats individuels, non réglementés par le Code. Ce contrat est
parfait par le seul consentement des parties. Mais
quand y a-t-il véritablement consentement des parties ? Cela est d'une grande difficulté à établir. De
toutes les questions qui touchent à l'organisation du
travail, les plus délicates, les plus difficiles à régler
sont, sans contredit, celles qui touchent au contrat
de travail. Et pourtant il est remarquable que ce
contrat de travail passé entre le patron et l'ouvrier,
soit trop souvent d'une très grande imprécision. En
effet, qu'arrive-t-il le plus souvent lorsqu'un ouvrier
entre dans une usine ? Pressé de trouver du travail,
il en a demandé à un patron qui en offrait, mais
n'a pu discuter avec lui.

Les deux parties ne pourraient s'entendre en admettant que l'on essaie une discussion de chacun de ces
centaines d'ouvriers avec le patron, avec le chef d'industrie qui d'ailleurs n'a pas le loisir d'entrer en
relation avec chacun de ses ouvriers. Généralement
le patron sera remplacé dans cette discussion par le
contre-maître qui, la plupart du temps, n'aura même
pas les pouvoirs nécessaires pour accepter la moindre
transaction. Il indiquera à l'ouvrier qui désire entrer
quelques détails sur le salaire, sur les heures de
travail, sur le genre de travail, et encore cela n'arri-
vera-t-il que dans les hypothèses les plus favorables ;
souvent l'ouvrier acceptera en ne connaissant que le
salaire, sans seulement demander quels sont les

jours de congé, les conditions diverses de sa nouvelle existence à l'usine. Dans tous les cas, l'ouvrier n'aura qu'à prendre ou à laisser, à dire oui ou non; les conditions particulières spéciales se trouvent exclues: l'ouvrier ne peut évidemment spécifier à quelle température il travaillera, ni dans quelle atmosphère, quelle quantité de travail il devra donner. Il ne pourra pas, par exemple, spécifier que dans l'atelier où il vivra les poussières seront absorbées par un ventilateur spécial; il doit accepter aveuglément sa situation qui est cependant bien différente suivant que l'installation aura tel ou tel perfectionnement. Il y a en réalité un régime unique, une impossibilité criante que des conditions spéciales soient stipulées.

Cependant, en admettant que la discussion fût matériellement possible, cet ouvrier pourrait-il stipuler ses conditions?

Il n'y a pas d'exemple de ce genre de discussion dans la grande industrie. Toutes les questions d'hygiène sont graves, mais elles ne peuvent être résolues par le contrat entre le patron et l'ouvrier individuellement. En ce qui concerne la durée du travail, on ne conçoit pas de régime approprié à chacun. La division du travail est rendue solidaire; il ne peut y avoir qu'un régime commun de repos et de travail. Ce sera le patron qui réglementera les questions de travail. Il serait inexact de dire que le patron serait à lui seul le maître absolu; car il doit être retenu par des circonstances, par des limites; il ne peut rien faire sans tenir compte de l'ouvrier. Dans une large mesure cependant, il créc la situation de l'ouvrier comme il le veut.

D'ailleurs, dans bien des cas, il est difficile sinon impossible à l'ouvrier de se rendre compte, dans la grande industrie, des engagements qu'il prend.

C'est que les conditions de l'industrie sont si compliquées qu'il faudrait de véritables connaissances techniques pour se rendre compte de l'effort exigé et de la rémunération promise.

Dans son livre : *Recherches sur la nature et les causes de la richesse des nations*, Adam Smith avait bien vu quelle était la résultante de ces rapports entre patrons et ouvriers. « Il n'est pas difficile, disait-il, de prévoir lequel des deux partis, dans toutes les circonstances ordinaires, doit avoir l'avantage dans le débat, et imposer forcément à l'autre toutes ses conditions... Dans toutes ces luttes, les maîtres sont en état de tenir ferme longtemps. Un propriétaire, un fermier, un maître fabricant ou marchand pourraient en général, sans occuper un seul ouvrier, vivre un an ou deux sur les fonds qu'ils ont déjà amassés. Beaucoup d'ouvriers ne pourraient pas subsister sans travail une semaine, très peu un mois, et à peine un seul une année entière. A la longue, il se peut que le maître ait autant besoin de l'ouvrier que celui-ci a besoin du maître; mais le besoin du premier n'est pas si pressant. »

J.-B. Say reconnaissait la supériorité du maître sur l'ouvrier; il admettait que le premier ne luttait pas à armes égales contre le second. Mais, convaincu que l'action de l'Etat ne pouvait en général être qu'inutile ou nuisible, il écrivait dans son *Traité d'Economie politique*: « Sans doute, le gouvernement, lorsqu'il le peut sans provoquer aucun désordre, sans blesser la liberté des transactions, doit protéger les intérêts des ouvriers parce qu'ils sont moins que ceux des maitres protégés par la nature des choses; mais, en même temps, si le gouvernement est éclairé, il se mêlera aussi peu que possible des affaires des particuliers, pour ne pas ajouter aux maux de la nature ceux qui viennent de l'administration. »

Tel était également l'avis de Bastiat qui croyait à l'harmonie de résultats, ce dont beaucoup se félicitent, car il faut faire un effort pour penser aux autres.

Il ne faudrait d'ailleurs pas exagérer la supériorité du patron sur l'ouvrier à l'heure actuelle. Sans doute, cette supériorité existe dans la réglementation des détails du contrat de travail; mais pour les questions réellement importantes pour l'ouvrier, elle se trouve bien affaiblie. Sans doute, théoriquement, le patron qui a des fonds en réserve peut attendre plus longtemps avant de mourir de faim que son ouvrier qui vivait au jour le jour. Mais à voir le nombre de grèves qui éclatent de plus en plus fréquentes, on constate que celui qui n'a rien n'a rien à y perdre, il vit tout de même pendant ce temps par suite de subventions, de dons, etc... Lors de la grève de Montceau, on a pu constater que pour l'entretien d'un gréviste, la dépense par jour était de 21 centimes [1].

Et ces périodes de chômage, pour les meneurs surtout, sont souvent considérées comme des périodes de repos et de tranquillité. Le patron, au contraire, se soucie fort peu de voir non seulement ses capitaux immobilisés, improductifs, mais aussi sa clientèle s'adresser à des confrères qui la lui enlèveront peut-être complètement. Très souvent le désir du patron de ne pas avoir de grève est beaucoup plus vif que celui de l'ouvrier de ne pas chômer. Dans les concessions qu'ils cherchent à obtenir l'un de l'autre, c'est à l'intensité de ce désir qu'il nous semble devoir se reporter pour apprécier la supériorité ou l'infériorité de l'une des parties sur l'autre.

Quoi qu'il en soit sous ce rapport, les opinions sur la nécessité de l'intervention de l'Etat en matière de contrat de travail sont des plus diverses. Le système d'abandon au droit commun, nous l'avons vu, a trouvé et trouve encore des défenseurs qui sont surtout parmi ceux qui croient à la liberté, comme règle en matière économique ; mais il convient de faire remarquer que le silence du code est déconcer-

---

(1) Voici à titre de curiosité les frais généraux pour 6 jours et 12.000 personnes.

14.198 kilos de viande à 0 fr. 90	12.778 fr. 20
277 kilos de lard à 1 fr. 20	332 fr. 40
6.924 kilos de pain à 0 fr. 26	1800 fr. 24
sel et poivre	89 fr. 98
	15000 fr. 82

Chaque repas se compose de 100 g. de viande, une livre de pommes de terre et une demi-livre de pain.

tant lorsque l'on considère les difficultés insurmontables qui naissent du contrat de travail. Les théories libérales ne sont pas incompatibles avec la réglementation de ce contrat. Courcelle-Seneuil, considéré pourtant comme un individualiste d'une certaine intransigeance, n'a-t-il pas dit: « L'autorité peut utilement et doit limiter la liberté du contrat de travail dans l'intérêt même de la liberté ».

Et « ne doit-on pas reconnaître là, écrit M. Jay[1], au législateur le droit d'intervenir toutes les fois que les initiatives privées se montrent impuissantes à protéger les droits des individus ou des familles, inaptes à sauvegarder efficacement les intérêts généraux et permanents de la société... Ne l'oublions pas, d'ailleurs, les intérêts généraux et permanents d'un pays peuvent n'être pas moins compromis que les droits des travailleurs par la situation que la population ouvrière est contrainte de subir. La force, la valeur des nations est faite de la force, de la valeur des individus, des familles qui la composent. »

En se plaçant même à un point de vue moins général, il semblerait nécessaire, en présence des différends de plus en plus graves et de plus en plus fréquents qui surgissent entre patrons et ouvriers, que les règles qui doivent régir leurs rapports fussent nettes, précises et bien connues. Or il n'en est rien. Le contrat qui lie l'ouvrier et le patron est verbal. Les principales clauses, souvent conformes aux

---

(1) R. Jay. — La protection légale des travailleurs.

usages, sont fixées parfois dans le règlement intérieur de l'usine, de la fabrique. Les droits et les devoirs de l'un et de l'autre en toute circonstance n'y sont pas toujours suffisamment précisés ; d'ailleurs ce règlement n'existe pas partout. En un mot, les conditions de la vie de l'ouvrier à l'intérieur de l'usine ne sont pas précises et donnent trop souvent lieu à des contestations.

Plusieurs pays étrangers ont voulu qu'il en soit autrement. En France est-ce possible et comment ? Telle est la question que nous voulons examiner. Nous nous proposons donc de montrer ce qu'est le règlement d'atelier en France là où il existe, la valeur juridique qui lui est accordée, et de donner un bref exposé des législations étrangères et des propositions de lois françaises avant d'étudier ce que le législateur pourrait utilement décider sur la question.

Nous estimons, en effet, que si les rapports entre employeurs et employés étaient plus nets, bien des disputes, des haines disparaîtraient avec les discussions soulevées par cette imprécision des droits des parties.

CHAPITRE Ier

LES RÈGLEMENTS D'ATELIER A L'HEURE ACTUELLE

L'ouvrier qui entre à l'atelier doit en accepter les usages. Bien souvent, surtout dans la grande industrie et la moyenne, le patron a pris soin de codifier en quelque sorte toute cette législation de l'usine dans un règlement d'atelier. En principe, toutes les modalités accessoires des rapports entre patrons et ouvriers à l'occasion du travail, toutes les questions d'ordre intérieur qui touchent à la vie intime et quotidienne de l'usine : heures des entrées et des sorties, heures et durée des repos ; jours de chômage réguliers ; organisation des équipes ; bases du salaire ; modes de mesurage et de contrôle pour le travail aux pièces ; époque et lieu de la paie ; prescriptions d'hygiène, de sécurité, de discipline ; mesures répressives, pénalités, amendes, retenues pour malfaçons, réprimandes, mises à pied, renvoi ; droits et devoirs du personnel de surveillance ; recours ouverts aux plaintes et réclamations ; délais de congé, renvoi ou départ sans préavis ; traitement en cas de maladie ou d'accident ; toutes ces conditions d'existence de

l'ouvrier à l'usine devraient être traitées dans le règlement d'atelier. Et pourtant certaines usines ne jugent
pas à propos de les rédiger, ou bien leur règlement
ne contient qu'une partie de ces clauses.

L'ouvrier s'en rapporte ainsi pour le reste aux
usages de la profession dans la région, ou même
simplement aux usages de la maison. Mais bien
souvent, l'ouvrier qui est entré sans les connaître
réellement mis en présence de l'usage de la maison,
ne veut pas l'accepter comme ne l'ayant pas connu
ou comme contraire à l'usage général. Et c'est ainsi
que dans l'application journalière de ces points de
détail, qui n'ont joué qu'un rôle tout à fait secondaire
dans la conclusion du contrat, s'élèvent les conflits
les plus irritants. Et, en pareil cas, la solution est
d'autant plus laborieuse qu'il existe moins de données formelles, de textes écrits. Telle est précisément la raison d'être du règlement d'atelier, qui
devrait régler la vie de l'ouvrier à l'intérieur de
l'usine.

Le règlement d'atelier, écrit M: Pic [1], consiste
dans un ensemble de prescriptions, les unes inter-
prétatives de volonté, les autres, en plus grand nombre,
impératives ou même comminatoires et sanctionnées
par des amendes ou des pénalités diverses, gra-
duées suivant la gravité de l'infraction commise.

Le règlement d'atelier, à vrai dire, lorsqu'il est
complet, comprend donc deux parties. La première

---

(1) Traité élémentaire de législation industrielle.

et la plus importante ne se distingue pas du contrat de travail. La seconde, au contraire, toute différente de la première, tire son origine du droit de direction du patron. Elle n'est plus, comme l'autre, censée provenir d'une convention librement discutée. C'est ainsi que la Cour de Cassation a jugé qu'un règlement de compagnie de chemin de fer sur la répartition du travail entre les ouvriers n'était que l'exercice du droit de direction de la compagnie et non le contrat de travail (Cass. 12 mars 1881. D. 1-164).

Cette distinction est très importante, car si ces règlements ne font pas partie du contrat de travail, le patron pourra les rédiger et les changer seul sans discuter au préalable avec les ouvriers. Mais théoriquement tout au moins, il est assez difficile de distinguer *a priori* le règlement qui n'est qu'un contrat de travail de celui qui n'est qu'une manifestation réduite du droit de direction du patron, droit qui lui est conféré et abandonné par le contrat de travail.

Ainsi compris, le règlement d'atelier, on le voit, si on le considère comme ayant force de loi pour tout ce qui n'est point contraire à la loi et aux bonnes mœurs, est d'une importance capitale pour l'ouvrier. S'il est complet, réglant tout jusqu'aux moindres détails; s'il prévoit des amendes assez fortes comme sanction des règles qu'il prescrit; s'il est draconien et appliqué, on comprend très bien l'émotion qu'il peut soulever parmi les ouvriers. Nombreuses, en effet, sont les plaintes suscitées par des règlements.

Nous croyons intéressant d'en donner ici un exemple, en reproduisant les violentes critiques soulevées par un de ces règlements qui ont paru dans le numéro de février 1897 du *Réveil des mouleurs* (journal des Vosges).

L'article portait comme titre : Les réglements d'atelier.

« Nous avons sous les yeux le règlement de la fonderie S. à E. [1] ; à chaque article, la malveillance, la méfiance à l'égard des ouvriers, s'étalent au grand jour. Pour les motifs les plus futiles, les ouvriers doivent subir de scandaleuses amendes.

A coup sûr, un patron qui impose un règlement aussi draconien est dépourvu de sens moral, n'a que dans ses pensées *(sic)* ce qui est contraire à la justice. Donnons à nos lecteurs les articles suivants :

ARTICLE 10. — Pourra être renvoyé sur-le-champ sans dénonciation, sera passible d'une amende pouvant aller jusqu'à vingt francs et pourra en outre être traduit devant la justice compétente, en réparation du préjudice:

1° Tout ouvrier, qu'il soit en état d'ivresse ou non, qui excitera à une grève ou à la débauche; qui empêchera ses collègues de travailler ou les détournera de se rendre à leur travail.

ARTICLE 11. — Les ouvriers peuvent être visités

---

(1) Les noms de l'industriel et de la ville sont imprimés.

par le portier ou par les contre-maîtres, si les patrons le jugent nécessaire. Cette mesure est prise dans l'intérêt des ouvriers honnêtes qui pourraient être soupçonnés à tort.

Tout ouvrier convaincu de vol perdra tout droit au salaire qui pourrait encore lui être dû, sera renvoyé sur-le-champ et en outre déféré à la justice.

(Les amendes seront versées à une caisse de secours détenue par les patrons).

Enfin l'article 9 inspiré par un esprit terriblement policier :

Défend de fumer, chanter, crier ou siffler, de ne pas quitter l'endroit autre que celui où l'ouvrier a son occupation dans l'atelier ; le tout sous peine d'une amende de cinquante centimes par chaque infraction.

Ce réglement arbitraire a été mis en application, paraît-il, le 1er novembre 1896, et déposé au conseil des Prud'hommes d'Epinal.

Nous protestons de toute notre énergie contre de pareilles prétentions, et nous nous refusons de croire que le bureau des Prud'hommes eût accepté de salir son local avec une feuille aussi malpropre. Nous allons nous occuper d'en connaître l'exactitude... Les règlements d'atelier ont commis de monstrueux abus. »

Aussi ne faut-il pas s'étonner, étant données ces protestations, du grand nombre de grèves qui ont le règlement d'atelier comme origine.

En 1902, il y en eut 23 ; 54 établissements furent atteints, comprenant 6,901 grévistes.

Il y eut 274,232 jours de chômage.

Réussirent 8 grèves, comprenant 19 établissements et 546 ouvriers.

Se terminèrent par une transaction 3 grèves, comprenant 23 établissements et 5,626 ouvriers.

Echouèrent complètement 12 grèves, comprenant 12 établissements et 729 ouvriers.

A ces chiffres il faudrait ajouter ceux des grèves qui ont eu pour origine les amendes ;

Soit, toujours pour l'année 1902, 15 grèves comprenant 15 établissements et 1,650 ouvriers.

La réglementation du travail fut cause aussi de 40 grèves atteignant 208 établissements et 11,559 grévistes.

Ces chiffres sont ceux fournis par l'Office du travail. Et pourtant, malgré leur utilité et les conflits qu'ils peuvent amener, aucun texte de loi ne vient, en France, en leur accordant une valeur certaine, en réglementer l'usage et en favoriser le développement. Nous verrons plus loin ce que décident à leur sujet les tribunaux ; nous voulons simplement faire remarquer, outre l'absence de toute règle précise, la grande diversité d'usage qui règne à leur endroit.

L'usage d'avoir un règlement d'atelier tend à se développer de plus en plus, surtout dans la grande industrie. C'est là surtout que le bon ordre dans l'usine et l'impossibilité des stipulations personnelles le rendent nécessaire. Dans la petite industrie, au contraire, l'usage et les conventions verbales ou tacites y suppléent.

Là où il existe le règlement est souvent incomplet. Nous avons dans le règlement des grandes usines Schneider du Creusot un exemple de règlement ne contenant que des mesures et règles relatives à la sécurité des ouvriers, à l'entretien des machines et au bon ordre à l'intérieur de l'usine. Il date du 26 octobre 1896. Le titre 1er est consacré aux prescriptions générales : « Défense de rien faire pouvant troubler l'ordre d'une manière quelconque ». Il est également recommandé aux ouvriers de ne pas s'exposer au danger et d'éviter toute imprudence. Il faut vérifier les machines et la solidité des outils avant de s'en servir. D'ailleurs « en cas de doute sur la sécurité d'un travail ou d'une manœuvre l'ouvrier doit consulter son chef immédiat ». Il doit aussi l'aviser des faits inquiétants qu'il remarque et avertir à hauts cris ses camarades de l'accident qui les menace. Il est défendu de dormir ou même de se reposer dans un endroit dangereux. Il est recommandé spécialement aux ouvriers qui travaillent près des courroies de transmissions de porter des vêtements ajustés ; de se servir de masques et lunettes mis à leur disposition gratuitement pour se préserver, etc... « Défense également de toucher aux fils, aux bornes d'attache et en général à toute pièce métallique placée dans un circuit électrique ».

Après ces prescriptions générales, le règlement

en contient de particulières pour chaque atelier. Là se trouvent minutieusement fixées les précautions à prendre pour assurer le bon fonctionnement des appareils et se garer de toute chance d'accidents.

Pour les générateurs, transmissions, laminoirs, fours à réchauffer, à fondre, à puddler, convertisseurs, hauts-fourneaux, chemins de fer, dynamos, etc., de nombreuses précautions sont édictées.

En somme, ce règlement ne contient que des mesures de protection. Beaucoup de règlements présentent ce caractère protecteur. La direction veut ainsi couvrir sa responsabilité en cas d'accident.

D'autres règlements, au contraire, n'ont pour but que de bien préciser les conditions du contrat de travail. Mais souvent, dans ce cas, le patron ne l'a établi que pour déroger aux usages sur un certain nombre de points, en matière de délai-congé, le plus fréquemment. Ou bien il a jugé nécessaire d'établir des clauses pénales en vue d'assurer l'observation du contrat.

Lorsque le patron n'a eu en vue que de supprimer le délai-congé ou de le réduire ou de le prolonger, en un mot de déroger sur ce point aux usages régionaux ou locaux, il peut se contenter d'avoir un registre où se trouve imprimée cette seule clause et au-dessous de laquelle signent ses ouvriers.

Nous en avons eu un exemple chez un grand couturier de la rue de la Paix qui nous a déclaré d'ailleurs avoir cessé cette pratique, les prud'hommes n'en tenant aucun compte, quoiqu'il y eût vraiment là une convention écrite.

Dans des règlements plus complets, à Fives-Lille, à la raffinerie Say, notamment, les délais-congés ont été supprimés.

Voici un exemple de règlement rédigé en vue de créer un modèle de contrat de travail. Il a été établi par l'union des syndicats patronaux des industries textiles de France, qui proclame en effet le contrat individuel supérieur au contrat collectif. L'idée du contrat contenue dans le règlement est du reste mise en relief par le titre seul :

Type de contrat de louage de services et de règlement d'ordre intérieur.

En voici le texte :

ARTICLE 1er. *Durée du contrat.* — L'ouvrier est embauché et s'engage personnellement pour une période de X... jours ouvrables, à dater de la paie qui suit son entrée jusqu'à la seconde paie. Chaque période de X... jours ouvrables recommencée indique un nouveau contrat succédant tacitement au premier ; de plus l'ouvrier s'oblige, par le seul fait de son entrée, à se conformer aux prescriptions d'ordre intérieur insérées au présent contrat, déposé au greffe du conseil des Prud'hommes et affiché dans l'atelier.

ARTICLE 2. *Délai de prévenance.* — En dehors des cas prévus ci-dessus, les parties restent libres de se séparer en se prévenant réciproquement à l'avance,

c'est-à-dire pour X... jours ouvrables, mais le jour
de la paie seulement.

ARTICLE 3. *Salaires.* — Les tarifs du travail sont
affichés dans les ateliers.

Ils constituent, quant aux salaires, la loi des
parties :

a) Travail aux pièces (conditions).

b) Salaire fixe. Le prix convenu à l'heure se cal-
cule pour la paie, sur chaque heure de travail effectif. Les comptes seront arrêtés à la fin de chaque
période de X... jours ouvrables et la paie se fera le
quatrième jour après l'arrêté des comptes.

Chaque ouvrier reçoit, lors de l'arrêté des comptes.
un bulletin indiquant le montant à toucher. Toute
réclamation de l'ouvrier devra être faite, au plus tard,
dans la journée qui précède celle de la paie.

Toute réclamation non accompagnée du bulletin
de paie sera non avenue, à moins qu'elle ne puisse
être établie et prouvée bien fondée par les documents
du bureau.

ARTICLE 4. *Cas de renvoi immédiat sans indemnité.*
— L'ouvrier pourrait être renvoyé immédiatement
sans indemnité :

S'il venait à insulter le patron, le directeur, un
contre-maître ou l'un ou plusieurs de ses camarades ;

Si sa conduite troublait l'ordre de l'atelier ;

S'il s'absentait plus d'une journée dans la même
semaine sans autorisation ou sans justifier, par un

certificat de médecin, qu'il a été tenu éloigné de l'atelier par une cause de maladie ;

S'il commettait un dégât intentionnel, un vol ou un acte d'immoralité ;

S'il contrevenait aux règlements d'administration publique concernant l'hygiène et la sécurité des travailleurs ;

S'il se trouvait en état d'ivresse après un premier avertissement.

ARTICLE 5. *Amendes.* — Les amendes pourront s'élever de « » à « » suivant la gravité des cas prévus par les §. §. ci-dessous :

ARTICLE 6. *Heures de travail.* — Les jours et heures de travail sont réglés conformément aux lois et aux décrets ayant force de loi.

ARTICLE 7. *Absences. Sorties.* — La cloche sonne à « ».

La porte de l'établissement sera ouverte dix minutes avant la mise en marche, de façon à permettre l'accès de l'établissement aux ouvriers ; elle sera fermée dix minutes après la mise en marche.

ARTICLE 8. *Ivresse.* — L'état d'ivresse entraînera, pour la première fois, le renvoi jusqu'au lendemain avec le maximum d'amende prévu à l'article 5. En cas de récidive, il pourra donner lieu au renvoi immédiat sans indemnité.

ARTICLE 9. *Police des ateliers.* — Il est défendu, etc.

ARTICLE 10. *Présence au métier.* —Il est défendu de quitter son métier sans nécessité et sous aucun prétexte de s'en éloigner ou de causer pendant qu'il est en marche. L'ouvrier présent est tenu de maintenir constamment le métier en marche, sauf les arrêts nécessités par le service.

ARTICLE 11. *Entretien des métiers.* — L'ouvrier doit graisser ses métiers et les entretenir en état de propreté.

Lorsqu'un des organes du métier se dérange, il doit prévenir le contre-maître qui est chargé d'y remédier ; il est expressément défendu à l'ouvrier de modifier lui-même le réglage.

ARTICLE 12. *Responsabilité.* — L'ouvrier est responsable des métiers, outils, lampes et matières qui lui sont confiés et s'oblige à rembourser le montant des objets perdus par lui ou des dégâts qu'il aura causés.

ARTICLE 13. *Travail défectueux.* — Lorsque l'ouvrier produira un travail défectueux, il subira une retenue égale à « » sans préjudice du droit de poursuite devant les tribunaux.

ARTICLE 14. *Paie.* -- La paie est faite tous les X... jours conformément à l'article 3.

En cas de renvoi immédiat, le compte ne sera réglé que le jour de paie suivant.

Les conventions ci-dessus constituent le contrat liant les parties :

Le patron d'une part et l'ouvrier d'autre part.

Toutefois, ce dernier aura la période qui s'écoulera entre son entrée à l'établissement et la première paie pour prendre connaissance des dispositions précédentes et des tarifs affichés dans les ateliers, qui font partie intégrante du présent contrat.

Pendant cette période d'essai, les parties auront réciproquement le droit de se dégager à tout instant.

Dès qu'une paie aura eu lieu après l'entrée de l'ouvrier, celui-ci, par le fait de sa rentrée à l'atelier, sera considéré comme ayant définitivement accepté les tarifs affichés et le contrat de louage de services ci-dessus, qui ne pourra être résilié que par la prévenance de X... jours ouvrables indiqués au chapitre 1er.

Déposé au greffe du Conseil des Prud'hommes de......... le.........

C'est le patron, le directeur de l'usine ou un syndicat patronal, comme dans l'exemple précédent, qui rédige le règlement d'atelier. Il le porte à la connaissance de ses ouvriers par voie d'affichage ou en leur en donnant lecture au moment de l'embauchage, ou en leur en remettant un exemplaire. Parfois, mais rarement, et là seulement où le nombre des ouvriers n'est pas très élevé, il exige d'eux leur signature au bas du règlement.

L'ouvrier qui se présente pour être embauché doit l'accepter. La pratique des Conseils d'usines, de Chambres d'explications n'est pas encore assez développée ; les exemples de modifications au règlement opérées par cette voie sont donc rares. L'arme la plus efficace pour l'ouvrier, lorsqu'il ne veut point accepter certaines clauses, est la grève ou la menace de grève.

En dehors de toute collaboration directe des ouvriers à sa confection, ils n'ont guère que ce moyen pour faire supprimer les clauses qui leur déplaisent, qu'ils considèrent comme abusives ou attentatoires à leur dignité, celles notamment qui prononcent des amendes élevées en cas d'infraction au règlement. On peut donc dire qu'en général, dans la presque totalité des cas, la collaboration de l'ouvrier à la confection du règlement n'existe pas.

On trouve cependant des exemples de règlements élaborés par des syndicats mixtes. Témoin le règlement suivant, adopté par les syndicats mixtes de l'industrie textile de Lille (Corporation de Saint-Nicolas), Roubaix, Tourcoing, Fourmies et Armentières, dont voici le texte :

ARTICLE 1er. *Age d'admission* ; *livret.* — Aucun ouvrier ne sera admis dans l'établissement s'il n'est âgé de 13 ans au moins.

Tous les ouvriers doivent être porteurs d'un livret qu'ils remettent au bureau lors de leur admission.

ARTICLE 2. *Connaissance du Règlement.* — Tous les ouvriers doivent connaître le règlement au moment de leur admission dans l'établissement.

Ils en recevront un exemplaire qu'ils signeront

après en avoir pris connaissance et qu'ils remettront au bureau en même temps que leur livret.

ARTICLE 3. *Instruction des jeunes ouvriers.* — Les jeunes ouvriers ont la liberté de suivre les cours d'instruction en usage dans l'établissement.

ARTICLE 4. *Temps de travail et de repos.* — (Indiquer ici selon les usages particuliers de l'usine, les heures d'entrée, de sortie et les temps de repos)[1].

ARTICLE 5. *Sortie de l'atelier.* — Les salles doivent être complètement évacuées après l'arrêt du moteur[2].

ARTICLE 6. *Paiement du salaire.* — Le salaire est payé... (indiquer le jour).

Il est remis au préalable, à chaque ouvrier, un bulletin de paie individuel.

Les ouvriers peuvent assister au mesurage et au pesage de leur travail.

Le paiement a lieu en espèces ayant cours légal en France[3].

ARTICLE 7. *Rapports des surveillants avec les ouvriers.* — Il est recommandé aux surveillants :

---

(1) Il est désirable de donner une heure 1/4 ou une heure 1/2 de repos au milieu du jour, si les ouvriers ne demeurent pas trop loin de l'usine, afin de leur permettre de retourner chez eux pour le dîner.

(2) La direction de l'usine doit veiller particulièrement à ce que rien ne se passe de contraire à l'ordre et à la moralité le matin, à l'arrivée des ouvriers et pendant l'arrêt du déjeuner, et le soir pendant l'arrêt du goûter.

(3) Il est fort à désirer que le salaire soit payé au moins une fois par semaine et, de préférence, tout autre jour que le samedi.

d'observer, à l'égard des ouvriers, les règles de la justice et de l'impartialité ;

de leur parler avec modération et de s'abstenir de toute expression injurieuse ;

de leur fournir tous les renseignements nécessaires à la bonne marche du travail ;

de ne jamais tolérer aucune atteinte à la morale et aux bonnes mœurs ;

d'user avec modération des amendes et de ne les appliquer que dans les cas prévus au règlement [1].

ARTICLE 8. *Rapports des ouvriers avec les surveillants.* — Les ouvriers doivent aux surveillants l'obéissance et le respect.

Dans le cas où un surveillant aurait enfreint à son égard une des prescriptions édictées à l'article 7 du règlement, l'ouvrier sera admis à présenter son recours au patron, soit directement, soit (s'il en existe) par l'intermédiaire du conseil d'usine ou du conseil de conciliation et d'arbitrage.

ARTICLE 9. *Maladies.* — Tout ouvrier malade est tenu de prévenir immédiatement le bureau.

En cas d'indisposition subite survenue au cours du travail, les premiers soins seront donnés au malade dans la salle.... (indiquer la salle affectée à cet usage).

---

(1) Il y a de très graves inconvénients à permettre que des contremaîtres ou surveillants tiennent un commerce quelconque, surtout un cabaret, ou fassent partie de sociétés de consommation organisées par actions.

ARTICLE 10. *Disposition spéciale aux femmes mariées.* — Les femmes en couches ne pourront reprendre le travail que·trois semaines au moins après l'accouchement [1].

ARTICLE 11. *Accidents.* — Tout ouvrier victime d'un accident est tenu. quelle qu'en soit l'importance, de le faire constater par deux témoins.

Il est obligé d'en faire immédiatement la déclaration.

Les premiers soins seront donnés dans la salle... (indiquer la salle affectée à cet usage).

ARTICLE 12. *Conservation du materiel et des matières premières ou fabriquées.*

Une liste détaillée des objets dont l'ouvrier est responsable, est affichée dans la salle de travail ; une copie de cette liste, signée par l'ouvrier, est remise au bureau.

L'ouvrier répond de sa faute en. cas de màlfaçon, d'emploi abusif de matériaux, de destruction ou de détérioration de matériel, outillage, matières premières ou produits.

Il est tenu de signaler au surveillant la marche anormale de son métier ou tout autre accident dont il a connaissance.

ARTICLE 13. *Ordre général.* — Les ouvriers doi-

---

(1) Il semble préférable que les femmes mariées devenues mères ne travaillent plus dans les usines.

vent respecter les convenances et les bonnes mœurs
dans leur tenue et leur langage [1].

Les rixes, jurements et blasphèmes sont sévère-
ment interdits.

Défense est faite de fumer, d'introduire des liqueurs
et de circuler dans l'usine, sauf pour les nécessités
du service.

Tous doivent se conformer aux instructions affi-
chées dans les salles pour tout ce qui concerne le
travail, les précautions à prendre pour l'incendie, le
nettoyage des machines, etc.

ARTICLE 14. *Amendes et renvoi.* — Des amendes [2] sont encourues dans les cas suivants: (indiquer ici, selon l'usage de l'usine, les fautes passibles
d'une amende).

L'ensemble des amendes encourues pendant une
semaine ne peut pas dépasser le cinquième du
salaire hebdomadaire.

Les fonds provenant des amendes sont employés
au profit des ouvriers... (indiquer ici l'institution qui
en bénéficie).

Aucun ouvrier, ayant au moins un an de présence à
l'usine, ne peut être congédié sans que le patron ait
été instruit par le chef d'atelier du motif de son
renvoi.

---

(1) Toute bonne organisation d'usine exige qu'il y ait des cabinets
d'aisances séparés pour les différents sexes et même pour les plus
jeunes des ouvriers et des ouvrières.

(2) Il est bon de faire consigner dans un registre, que le patron
puisse consulter, les amendes ainsi que le motif qui les a fait encourir.

ARTICLE 15. *Délai de congé.* [1]. — L'ouvrier qui reçoit
ou prend son congé, doit être prévenu par le patron,
ou prévenir le patron,.... jours avant son départ.

Le délai de prévenance court à partir du jour indiqué sur la feuille remise à cet effet par le bureau à
l'ouvrier.

ARTICLE 16. *Rupture immédiate du contrat sans
indemnité.* — 1° Le patron peut rompre immédiatement le contrat sans indemnité :

Lorsque l'ouvrier l'a trompé, lors de la conclusion
du contrat, par la production de faux certificats ou
livret ;

Lorsqu'il se rend coupable d'un acte d'improbité,
de voies de fait ou d'injure grave à l'égard du patron
ou du personnel de l'usine ;

Lorsqu'il leur cause intentionnellement un préjudice matériel, pendant ou à l'occasion du contrat ;

Lorsqu'il compromet, par son imprudence. la sécurité de l'établissement ou du travail ;

Et, en général, lorsqu'il manque gravement aux
prescriptions relatives au bon ordre (article 13) et à
l'exécution du contrat.

2° De son côté, l'ouvrier peut rompre immédiatement le contrat sans indemnité :

lorsqu'il est victime d'un préjudice matériel, d'actes
d'improbité, de voies de fait ou d'injures graves,

---

(1) Cet article est à supprimer si le préavis de congé n'est plus en
usage dans l'usine.

voulus ou tolérés par le personnel directeur de l'usine ;

lorsque sa moralité est mise en danger ;

lorsque sa sécurité ou sa santé est exposée à des dangers qu'il ne pouvait prévoir au moment de son engagement ;

et, en général, pour tout manquement grave aux obligations contractées envers lui relativement à l'exécution du contrat [1].

ARTICLE 17. *Rupture immédiate du Contrat avec indemnité* — En dehors des cas prévus à l'article précédent, la rupture immédiate du contrat donne droit, tant de la part de l'ouvrier subitement congédié par son patron que de la part du patron subitement abandonné par son ouvrier, à une indemnité égale au salaire de ... (indiquer ici le taux de l'indemnité en usage dans la localité). S'il s'agit du travail aux pièces, l'indemnité sera calculée d'après le salaire moyen de l'ouvrier pendant le temps de son séjour à l'usine, sans toutefois remonter au delà des dix dernières semaines.

ARTICLE 18. *Observation du règlement.* — Le présent règlement, accepté par tous les ouvriers et déposé au Conseil des Prud'hommes, est obligatoire pour tous, patron, employés et ouvriers de l'établissement.

---

(1) La rédaction de cet article a été empruntée aux articles 20 et 21 de la loi belge du 10 mars 1900 sur le contrat de travail.

CHAPITRE II

VALEUR JURIDIQUE DU RÈGLEMENT D'ATELIER

Dès son entrée à l'usine, l'ouvrier est considéré comme acceptant les usages de la maison et les conditions qui lui sont faites par le règlement d'atelier. Mais en fait, il ne peut y avoir qu'une apparence de convention, puisque l'accord préalable des volontés des deux parties contractantes ne saurait exister. C'est ce qui explique la diversité de la jurisprudence des tribunaux appelés à juger les conflits qui surviennent lors de l'application des règlements d'ateliers. Alors que la Cour de Cassation, ainsi que presque toujours les tribunaux de Commerce, leur accorde une valeur juridique certaine, les Conseils de Prud'hommes, au contraire, ne tiennent généralement pas compte d'un engagement non signé par l'ouvrier.

Il y a un exemple toujours cité. Les faits remontent à 1864. Un règlement d'atelier affiché à la porte d'une fabrique défendait aux ouvriers d'entrer à l'atelier avec leurs sabots, sous peine d'amende. Une ouvrière n'en tint pas compte : elle fut frappée d'une amende de 10 francs. Elle s'adressa au Conseil des Prud'hommes d'Aubusson qui, tout en reconnaissant le caractère conventionnel et obligatoire de ce règlement, réduisit l'amende à la somme de 0 fr. 50. La pénalité édictée par le règlement lui parut excessive eu égard à la faute commise, et il se basait sur l'article 1231 du Code civil qui permet au juge de modifier la peine lorsque l'obligation principale a été exécutée en partie.

L'affaire fut portée devant la Cour de Cassation. Dans son arrêt du 14 février 1866[1], la Cour constata que l'ouvrière admise à la fabrique avait adhéré à son règlement et y avait contrevenu. Elle estima qu'aux termes des articles 1134 et 1152, les conventions légalement formées tiennent lieu de loi à ceux qui les ont faites, et que, lorsque la convention porte que celui qui manquera de l'exécuter paiera une certaine somme à titre de dommages-intérêts, il ne peut être alloué à l'autre partie une somme plus forte ni moindre; et que l'article 1231 était ici inapplicable, puisque l'ouvrière n'avait pas exécuté l'obligation principale, mais y avait contrevenu pour la totalité : en conséquence, le jugement du Conseil des Prud'hommes d'Aubusson fut cassé.

Le règlement affiché à la porte des ateliers peut être considéré comme accepté par les ouvriers qui y adhèrent du fait de leur admission. L'amende est assimilable à une stipulation de dommages-intérêts;

---

(1) Cass., 14 février 1866; Sirey, 1866, 1, p. 194.

c'est une clause pénale. Telles sont les deux conclusions que l'on peut tirer de cet arrêt.

D'autres fois, c'est le mode de paiement fixé par le règlement d'atelier qui est attaqué. Le cas se présenta en 1877. D'après le règlement d'une fabrique de chaudronnerie, les ouvriers n'étaient payés que les samedis suivant le 1er et le 15 de chaque mois. Ceux qui étaient congédiés dans l'intervalle devaient attendre le jour fixé pour recevoir leur paye. Un ouvrier, sorti volontairement, voulut recevoir son salaire le jour même. Le Conseil des Prud'hommes de Paris, auquel il s'adressa, ne tint aucun compte du règlement comme illicite et nul. Mais un arrêt de la Cour de Cassation du 7 août 1877 déclara la clause du règlement d'atelier parfaitement valable et obligatoire, car il n'y avait là rien de contraire à l'ordre public.

La valeur juridique des règlements d'atelier fut encore confirmée par un arrêt de cassation le 6 novembre 1895. Dans le règlement d'atelier d'une filature, tout délai-congé était supprimé tant pour les ouvriers que pour les patrons. Le Conseil des Prud'hommes de Roubaix, devant lequel un ouvrier congédié ainsi sans délai avait assigné ses patrons, en paiement de la somme de 90 francs pour temps perdu et pour une semaine de prévenance, déclara le règlement valable et obligatoire et débouta l'ouvrier. Ce dernier se pourvut en Cassation, considérant que cette décision permettrait au patron d'enlever par avance, par un règlement particulier, tout droit d'un ouvrier congédié à réclamer des dommages-intérêts, ce qui est contraire à l'article 1780 du Code civil modifié par la loi du 27 décembre 1890.

La Cour de Cassation estima avec raison que ce qu'interdit l'article 1780, c'est la renonciation anticipée au droit de demander des dommages et intérêts à raison d'un congé abusivement donné, mais non la convention aux termes de laquelle l'ouvrier et le patron se réservent réciproquement le droi* de se donner congé sans aucun délai. Dans le cas où le règlement d'atelier accorde au patron et à l'ouvrier le droit réciproque de se quitter sans être tenus de se prévenir à l'avance, le tribunal a donc le droit de rechercher si en fait, étant donné les circonstances, le patron ou l'ouvrier n'a pas commis un abus, auquel cas il peut apprécier l'étendue du préjudice en tenant compte des diverses circonstances énumérées dans l'article 1780.

Nous trouvons également un arrêt de la Cour de Cassation du 2 février 1898 [1] qui valide la clause d'un règlement d'atelier, imposant à l'ouvrier qui veut quitter l'usine l'obligation de prévenir de son départ à un certain moment de son travail, et autorisant le patron à opérer une retenue déterminée en cas d'inobservation de cette clause.

Dans l'espèce, il s'agissait d'une fabrique de rubans. Un des articles du règlement d'atelier remis à chaque ouvrier à son entrée dans la fabrique et

_____

(1) Dalloz, 1898, 1, 326.

considéré après 3 jours comme accepté par lui, décidait que le patron aurait le droit de retenir 25 francs à titre d'amende quand l'ouvrier ne se conformerait pas aux conditions de congé. En 1898, un ouvrier encore mineur fut frappé de cette amende ; le père porta l'affaire devant le Conseil des Prud'hommes qui lui donna raison, en vertu de l'article 1780. La Cour de Cassation, appelée a statuer, cassa ce jugement déclarant les règlements obligatoires, dès qu'ils ne contiennent rien de contraire aux lois.

Ainsi la Cour de Cassation n'hésite pas à se prononcer en faveur de la validité du règlement d'atelier. Elle considère toujours qu'en entrant dans l'atelier, l'ouvrier qui en a connu le règlement est censé l'avoir accepté. Il faut que l'ouvrier l'ait connu ; le fait seul que le règlement était affiché ne suffit pas pour le transformer en contrat de travail.

Les arrêts, celui de 1866, par exemple, ne font que constater que ce règlement était affiché et rien de plus. Et, sans se contredire, la Cour de Cassation pourrait considérer un règlement affiché comme n'étant pas connu si, par exemple, il n'a pu être lu, l'affichage étant fait trop haut pour qu'on pût le lire ou étant écrit en flamand pour des ouvriers qui parlent français, et inversement considérer comme connu un règlement qui n'a pas été affiché, si par exemple, comme pour l'affaire citée plus haut, on remet à l'ouvrier un livret contenant le règlement et dont la possession pendant trois jours suffit à créer son acceptation.

Un règlement ne nous semble pas d'ailleurs devoir
être considéré comme applicable dès son affichage.
Voici deux articles d'un règlement d'une compagnie
de Forges :

ARTICLE 61. — Le présent règlement est obligatoire
pour tous à dater du jour de son affichage.

ARTICLE 62. — Il peut être apporté, par voie d'affiche,
des modifications aux dispositions ci-dessus.

Ces deux articles, à notre avis, devraient être
complétés pour avoir une valeur absolue. Le règlement qui supprimerait l'usage du délai-congé d'une
huitaine, ne saurait être appliqué le jour même de
l'affichage. En effet, l'ouvrier qui a été embauché
s'est engagé, pour une période de huit jours, à certaines conditions. Et chaque période de huit jours
recommencée indique un nouveau contrat succédant
tacitement au premier; il ne saurait appartenir à
l'une des parties de changer les conditions du contrat pendant ces huit jours. Le patron ne peut donc
imposer pendant cette période un nouveau règlement
pour ce qui concerne le contrat de travail. Quant à
ce qui n'est qu'une manifestation de son droit de
direction, il est évident que toute liberté doit lui être
laissée.

La seule manière vraiment juridique pour lui de
prouver l'acceptation des conditions du règlement
par son ouvrier serait de le faire signer. Si cette for-
malité a été accomplie, c'est à bon droit que le Conseil des Prud'hommes de la Seine peut, comme dans
l'affaire d'un ouvrier fleuriste renvoyé sans délai,

décider qu'il n'y avait pas lieu de rechercher les modes de paiement, ni les usages corporatifs, mais dire simplement que les conventions intervenues librement et de bonne foi doivent faire la loi des parties.

La signature de l'ouvrier est, en effet, une condition souvent exigée par les Conseils de Prud'hommes dont la jurisprudence — nous venons d'en avoir des exemples — n'est pas toujours conforme à celle de la Cour de Cassation.

Leur manière d'apprécier la valeur juridique d'un règlement d'atelier dépend beaucoup des circonstances de fait et aussi de leur composition.

A Paris, les Conseils de Prud'hommes des quatre sections : métaux, produits chimiques, tissus et bâtiment, ne tiennent jamais aucun compte des règlements non signés par l'ouvrier, lorsque les clauses qu'ils contiennent sont contraires aux usages de la profession.

En voici un exemple : Dans l'espèce, il s'agissait d'une première ouvrière modiste congédiée, qui réclamait la somme de 340 fr. pour indemnité de mois de congé et de nourriture, à ses anciens patrons qui répondaient n'avoir fait que se conformer au règlement qu'ils venaient d'afficher chez eux, règlement qui avait été rédigé par la Chambre syndicale patronale des modistes.

Le Conseil des Prud'hommes de Paris pour l'industrie des tissus ne voulut pas reconnaître la validité de ce règlement :

Attendu qu'il est acquis aux débats que la dame G....,

première ouvrière modiste depuis deux mois chez les époux S..., fut mise au repos par ceux-ci et qu'elle n'accepta pas ce repos ; qu'elle demanda à faire un mois de congé, ce qui lui fut refusé par les époux S... sous le prétexte qu'un règlement était affiché dans l'atelier, aux termes duquel une huitaine seulement de préavis était due en cas de rupture de contrat, laquelle huitaine lui était offerte ; que c'était la première fois qu'il était question pour elle de ce règlement qui ne lui avait jamais été soumis;

Attendu que les époux S... ne nient aucun de ces faits, qu'au contraire ils les reconnaissent exacts, mais allèguent que ce règlement étant affiché dans l'atelier, il devait faire la loi des parties ; qu'ils avaient offert et offraient encore la somme de cinquante francs plus un franc de frais comme indemnité de délai-congé. Qu'ils ne pouvaient contrevenir à ce règlement étant solidairement liés avec la Chambre syndicale de la Mode, le délai-congé étant donné le 28 et l'ouvrière ayant fait cinq jours qui sont payés, il ne reste donc en tout cas que 25 jours à faire;

Attendu qu'il appert ainsi des débats que le différend repose en entier sur cette question d'un règlement d'atelier. Qu'il y a donc lieu de rechercher la validité du dit règlement ;

Attendu qu'il est de jurisprudence constante, conformément aux usages immémoriaux de l'industrie de la mode dans le département de la Seine et aux usages locaux de la Ville de Paris, que toute ouvrière modiste engagée au mois et payée de même était tenue au mois de congé comme délai de préavis et avait, de même, droit au mois de congé en cas de renvoi, sauf le cas de motifs légitimes tels que sévices, injures, absences non motivées ; que dans l'espèce, aucun de ces cas n'est soulevé ; que le renvoi de l'ouvrière n'a donc eu lieu que parce que le contrat étant indéterminé, il peut être rompu à tout moment par l'une des parties en se conformant aux délais d'usage dans l'industrie;

Attendu que le Conseil ne saurait admettre l'ingérence de la Chambre syndicale patronale des modistes imposant un règlement détruisant à son profit les usages reconnus et acceptés antérieurement par les patrons et les ouvriers ; que si l'on admettait que la Chambre syndicale puisse ainsi délibérément fixer des délais de préavis et intervenir dans les règlements d'ateliers, il faudrait aussi admettre le même droit pour la Chambre syndicale de la partie adverse, ce qui constituerait un état voisin de l'anarchie et rendrait les rapports entre employeurs et employés absolument impossibles ; qu'il y a donc lieu de dire l'imposition de ce règlement arbitraire et contraire à tous les usages, lesquels forment le code de la Prud'homie et la Jurisprudence du Conseil;

Attendu, en outre, qu'il y a là un acte quasi immoral et contraire à la bonne foi, car le patron qui ne veut donner qu'une huitaine de congé devrait n'engager ses ouvrières qu'à la journée ou à la semaine, ce qui serait régulier et ne constituerait pas un trompe-l'œil blâmable et qui ne se continue que parce que les ouvrières premières modistes n'accepteraient pas d'être engagées ainsi comme contraire aux usages corpora' .

Attendu que ce jour, à la barre, Mme G... demande à nouveau à faire le mois de congé et que les époux S. s'y refusent ; qu'il y a donc lieu de dire la dame G. bien fondée en sa demande et y faire droit ; dire que les époux S. seront tenus solidairement de lui payer la somme de deux cent quatre-vingt-dix-huit francs pour indemnité de mois de congé et de nourriture.

Voici d'ailleurs une autre affaire qui est allée devant les Prud'hommes, puis devant le tribunal de Commerce de Reims et qui est un exemple de la manière dont sont jugées ces affaires par ces différents tribunaux.

Un établissement de Reims, dont le règlement exclut tout délai de prévenance, avait, à la suite de la réduction des heures de travail à 10 heures 1/2, supprimé plusieurs journées de congé, en dehors des fêtes légales, par voie d'avis apposé dans les ateliers, quatre jours à l'avance.

Cet avis, en forme de règlement d'atelier, prévoyait en cas de violation des dispositions qu'il contenait, une retenue égale à une demi-journée de travail.

Cependant, plusieurs ouvriers de l'usine ne vinrent pas travailler le 27 août, jour de congé qui précisément avait été supprimé. Deux jours après, l'un d'eux déclara qu'il quittait l'usine et demanda son compte.

On lui fit supporter, pour absence non justifiée, le 27 août, l'amende qui avait été édictée.

Le Conseil des Prud'hommes, saisi du litige, déclara qu'aucun délai de prévenance n'étant stipulé, l'ouvrier ne pouvait supporter aucune amende pour brusque rupture du contrat de louage de services.

Le tribunal de Commerce de Reims, statuant sur appel, a déclaré que ce n'était pas pour rupture du contrat de travail qu'une retenue avait été faite à cet ouvrier, puisqu'aucun délai de prévenance n'était stipulé, mais pour violation de l'avis en forme de règlement, stipulant que le congé du 27 août était supprimé, alors que cet avis avait été porté, par voie d'affiches, à la connaissance du personnel.

Nous reproduisons ci-dessous les passages essentiels de ce jugement:

« Attendu qu'il résulte des observations faites à l'audience et des explications des parties :

1° Que ce n'est pas en raison de la retenue de salaires prévue dans les règlements d'atelier et non acceptée par X..., que ce dernier, à la date du 29 août, a demandé son compte et rompu le contrat de travail ;

2° Que ce n'est pas à raison de la rupture de ce contrat que la société réclame de X... une indemnité, mais bien en raison de son absence concertée le 27 août;

Attendu que c'est donc à tort que les premiers juges ont invoqué, pour repousser la demande de la Société, l'article 4 du règlement qui dit:

« Tout délai de prévenance est supprimé de part et
d'autre, et que l'engagement sans limitation de durée
conclu entre le patron et chaque ouvrier individuellement peut être rompu sans préavis » ; qu'il y a lieu
de réformer sur ce point le jugement dont est
appel ;

Attendu que X... ne saurait soutenir, en raison de
ce qu'il ne l'a pas signé, qu'il n'a pas connu le règlement et qu'il n'en a pas accepté les clauses;

Attendu que le règlement de l'usine M... est porté
à la connaissance de chaque ouvrier qui s'engage ;
qu'il est affiché d'une façon permanente et très apparente dans les locaux de l'usine ; qu'en présence de
l'impossibilité pour le patron de discuter le règlement avec chacun de ses ouvriers, et du refus fréquent par les ouvriers d'y apposer leur signature,
l'affichage constant et apparent dans les ateliers est
le seul moyen pratique de le porter à la connaissance de tous et d'éviter ainsi les surprises; que la
présence et le travail suivi dans une usine compor-
tent de la part de l'ouvrier l'acceptation tacite du
règlement de cette usine ;

Attendu que X... est entré à l'usine M... le 18 Juin
1902, qu'il a successivement reçu cinq paies réglées
d'après le tarif fixé dans ledit règlement; qu'il a,
conformément à l'article supprimant le congé du
15 juillet, travaillé comme les autres ouvriers de
l'usine ; qu'il reconnaît avoir vu l'affiche apposée dans
l'usine le 24 août et avoir eu connaissance de son
contenu, ladite affiche rappelant l'article du règle-

ment s'appliquant à la suppression du congé de la
matinée du mercredi 27 août ;

Attendu qu'il n'y a pas doute qu'en s'abstenant,
avec les autres rattacheurs, de venir travailler le
27 août, il n'ignorait pas qu'il encourait l'amende
prévue pour le cas d'absence concertée et qui est
équivalente au gain d'une demi-journée ; que s'il ne
voulait pas encourir cette amende, il lui était loisible
ou de venir travailler ou de dénoncer auparavant son
contrat de travail, ce qu'il n'a pas fait ; que ce n'est que
le 29 août qu'il s'est présenté pour demander le règlement immédiat de son compte, invoquant alors à son
profit l'avantage de l'article 4 du règlement qu'il pré-
tend à tort aujourd'hui n'avoir pas accepté ;

Attendu que, dans ces conditions, M...ès noms
était fondé à retenir sur le salaire dû à X..., l'a-
mende que celui-ci avait sciemment encourue ; que l'offre par lui faite de verser à X... la somme de 3 fr. 95
centimes devait être déclarée suffisante et que c'est à
tort que les premiers juges l'ont condamné à payer
celle de 5 fr. 45 centimes.

Sur la demande reconventionnelle de la société
en 300 fr. de dommages-intérêts :

Attendu que, cette demande basée sur le préjudice
que lui aurait causé l'absence concertée de X..., ne
peut être admise par le tribunal ; que l'amende prévue au règlement pour ce genre d'absence ne semble
avoir été édictée qu'en raison et comme compensation du préjudice probable en résultant et consti-
tuer ainsi une sorte de forfait ; que le règlement

prévoit pour les absences individuelles une amende
beaucoup moins importante et que cette différence s'explique par la différence de préjudice que peuvent
causer ces absences différentes; qu'au surplus,
M...ès nous n'a pas apporté d'éléments permettant
d'apprécier exactement le préjudice subi et n'a pas
insisté sur ce chef, qu'il y a donc lieu de le déclarer
mal fondé en sa demande reconventionnelle.

Sur la question des frais:

Attendu que c'est en raison du refus de X... de supporter l'amende par lui sciemment encourue que la
présente instance a pris naissance; qu'il doit encore
supporter les frais, tant de première instance que
d'appel, sauf ceux de la demande reconventionnelle
qui doivent rester à la charge de la Société appelante.

Par ces motifs:

Reçoit la Société anonyme appelante du jugement
du 6 septembre 1902, et, réformant ledit jugement,
donne acte à la Société de ce qu'elle reconnaît devoir
et offre, comme elle l'a toujours fait, de verser à
X..., la somme de 3 fr. 95 centimes, valeur de 17 heures de travail, déduction faite de l'amende encourue
par ce dernier.

Déboute X... du surplus de sa demande;

Déclare la Société de R. mal fondée en sa demande
reconventionnelle, l'en déboute.

Condamne X... aux dépens tant de première instance que d'appel, laisse toutefois à la charge de la
Société appelante, ceux occasionnés par sa demande
reconventionnelle.

On peut, par cet exemple, se rendre compte de la différence des solutions données aux procès par le Conseil des Prud'hommes ou par le tribunal de commerce.

Les conseils de Prud'hommes, généralement, ne veulent pas tenir compte des clauses d'un règlement d'atelier, des amendes surtout, lorsqu'elles ne sont pas conformes aux usages. Toute différente est, nous l'avons vu, la jurisprudence de la Cour de Cassation. Mais il faut remarquer que tous les procès ne vont point en Cassation, que le patron, dont on n'a pas voulu reconnaître le règlement d'atelier, juge souvent plus à propos de payer sans discuter (beaucoup d'ailleurs ne se présentent plus devant les Prud'hommes) lorsqu'il ne peut, comme dans l'exemple précédent, former une demande reconventionnelle et aller en appel devant « son » tribunal, le tribunal de Commerce. Il y a là une incertitude de la valeur des règlements d'atelier qui a retardé le développement de cet usage. Certains patrons en avaient rédigé qui les ont supprimés devant l'impossibilité où ils étaient de les faire reconnaître par les Prud'hommes.

CHAPITRE III

ETUDE SOMMAIRE DES LÉGISLATIONS ÉTRANGÈRES
SUR LE RÈGLEMENT D'ATELIER

SUISSE

En Suisse, la législation industrielle s'est développée de bonne heure et d'une façon très remarquable.

L'article 34 de la constitution du 29 mai 1874 est ainsi conçu : « La confédération a le droit de statuer des prescriptions uniformes sur le travail des enfants dans les fabriques, sur la durée du travail qui pourra être imposée aux adultes, ainsi que sur la protection à accorder aux ouvriers contre l'exercice des industries insalubres et dangereuses. » C'est en vertu de ce texte que la loi fédérale concernant le travail dans les fabriques a été votée le 19 mars 1877, par le Conseil des Etats, et le 23 du même mois par le Conseil National.

L'article 1er de la loi du 17 juin 1874 soumet les lois fédérales à l'adoption ou au rejet par le peuple, si trente mille citoyens ou huit cantons adressent une demande de révision, dans les quatre-vingt-dix jours de la publication. Conformément à cette disposition, la nouvelle législation fut frappée d'opposition et soumise au vote populaire, le 21 octobre 1877. Elle n'a passé qu'à une faible majorité, et, promulguée à Berne, le 3 décembre, elle a force de loi depuis le 1er janvier 1878.

La loi ne s'appliquant qu'aux fabriques, son article 1er en donne la définition suivante :

« . Tout établissement industriel où un nombre plus ou moins considérable d'ouvriers sont occupés simultanément et régulièrement, hors de leur demeure et dans un local fermé, doit être considéré comme fabrique et est soumis aux prescriptions de la présente loi.

Lorsqu'il y a doute sur la question de savoir si un établissement doit ou non être rangé dans la catégorie des fabriques, le Conseil fédéral prononce en dernier ressort, après avoir pris le préavis du gouvernement cantonal. »

Un arrêté du Conseil fédéral du 3 juin 1891 est venu préciser les conditions requises pour qu'un établissement fût considéré comme fabrique. En voici le texte : « Sont considérées comme fabriques, dans le sens de l'article 1er de la loi fédérale du 23 mars 1877, et placées sous le régime de la même loi, sous la réserve qu'elles correspondent aux conditions générales mentionnées à l'article précité :

a) Les exploitations qui travaillent avec plus de cinq ouvriers et emploient des moteurs mécaniques.

ou occupent des personnes âgées de moins de 18 ans,
ou présentant des dangers particuliers pour la santé
ou la vie des ouvriers;

b) Les exploitations occupant plus de 10 ouvriers
et ne présentant aucune des conditions mentionnées
à la lettre *a*; . ·

c) Les exploitations occupant moins de six ouvriers
et présentant des dangers exceptionnels pour la santé
des ouvriers, ou celles occupant moins de onze
ouvriers et présentant le type évident des fabriques.

Tous les établissements qui rentrent dans l'une
de ces trois catégories sont soumis aux prescriptions
suivantes des articles 7 et 8.

ARTICLE 7. — Les fabricants sont tenus d'établir
un règlement sur toute l'organisation du travail, sur
la police de la fabrique, sur les conditions d'admission et de sortie, sur le paiement des salaires.

Si le règlement statue des amendes, celles-ci ne
peuvent pas dépasser la moitié du salaire d'une
journée.

Le produit des amendes doit être employé dans
l'intérêt des ouvriers, et particulièrement consacré
à des caisses de secours.

Les déductions de solde pour travail défectueux
ou détérioration de matières premières ne sont pas
considérées comme des amendes.

Les fabricants doivent, en outre, veiller au maintien
des bonnes mœurs et au respect des convenances
dans les ateliers où sont occupés des ouvriers et des
ouvrières.

Article 8. — Le règlement de fabrique et les modifications qu'on pourrait y apporter doivent être soumis à l'approbation du gouvernement cantonal, qui ne l'accordera que s'ils ne renferment rien de contraire aux dispositions légales.

Les ouvriers seront appelés à émettre leur opinion sur les prescriptions qui les concernent, avant qu'elles aient reçu la ratification de l'autorité.

Le règlement de fabrique, une fois approuvé, lie le fabricant et l'ouvrier. Toute contravention provenant du fait du premier tombe sous le coup des dispositions de l'article 10 de la présente loi. Si l'application du règlement de fabrique donne lieu à des abus, le gouvernement cantonal peut en ordonner la révision.

Le règlement de fabrique, muni de l'approbation du gouvernement cantonal, est imprimé en gros caractères et affiché à un endroit de la fabrique où il soit en vue. Chaque ouvrier en reçoit un exemplaire lors de son admission dans la fabrique. »

Article 19. — Sans préjudice de la responsabilité civile, toute contravention aux prescriptions de la présente loi ou aux ordres écrits de l'autorité compétente, sera frappée, par les tribunaux, d'amendes de 5 à 500 francs.

En cas de récidive, il est loisible aux tribunaux de prononcer, indépendamment de l'amende, un emprisonnement qui peut s'étendre jusqu'à trois mois. »

Outre l'obligation légale du règlement dans les

fabriques, cette loi de 1877 ne laisse pas à l'industriel pleine liberté pour toutes les clauses qu'il veut introduire dans le règlement intérieur de son usine; nous avons vu la limitation du taux des amendes et la fixation de leur emploi. C'est ainsi que l'article 11 oblige le patron à organiser le travail de ses ouvriers, dont la durée ne doit pas d'ailleurs excéder 11 heures, de manière à ce que ceux-ci, au milieu de la journée, jouissent d'un repos d'une heure au moins pour leur repas.

Il convient de remarquer aussi que les ouvriers sont appelés à intervenir indirectement dans la confection du règlement de fabrique. Une circulaire du Conseil fédéral, de janvier 1878, a décidé que le dépôt préalable du projet dans les bureaux ou dans un local de la fabrique, avec invitation affichée aux ouvriers de produire leurs réclamations dans un certain délai, suffit pour remplir le vœu de l'article 8 de la loi. Mais il ne faut pas oublier que les ouvriers peuvent présenter leurs observations non seulement au patron, mais aussi au gouvernement cantonal dont le rôle est très étendu. Il doit « veiller à ce que les ouvriers aient la possibilité de signaler non seulement les illégalités, mais aussi les injustices. Et s'il trouve leurs critiques fondées, il y fait droit, en imposant à l'industriel certaines modifications, mais lorsque le règlement ne contient pas de dispositions contraires à la loi ou à l'équité, le gouvernement cantonal ne peut refuser son approbation ». La conséquence de ces prescriptions est que, dans ces dernières années, les inspecteurs n'ont plus eu à relever que des cas très rares de non approbation du projet de règlement par les ouvriers. Les inspecteurs fédéraux se trouvent, en effet, chargés par les gouvernements cantonaux d'examiner toutes les pièces concernant la publicité préliminaire, les observations des ouvriers qui accompagnent la requête au gouvernement cantonal, en vue d'obtenir son approbation, et le projet de règlement.

Enfin restent deux dernières obligations destinées à assurer la publicité du règlement et sa connaissance par les intéressés. Imprimé en gros caractères, le règlement doit être affiché dans un endroit en vue. De plus, à son entrée à l'atelier, chaque ouvrier doit en recevoir un exemplaire que le patron ne peut lui réclamer lorsqu'il le congédie, car il lui sera nécessaire pour faire la preuve de la convention en cas de contestation sur un point quelconque. Cette restitution, préjudiciable à l'ouvrier, n'aurait, d'ailleurs, pour le patron aucune valeur matérielle.

Une fois toutes ces formalités remplies, le règlement acquiert force de loi. Il lie patron et ouvriers.

Cependant il peut se faire qu'un règlement ait obtenu l'approbation cantonale et contienne néanmoins une clause illégale qui soit passée inaperçue. L'avis unanime est qu'un règlement illégal est caduc, puisque l'une de ses conditions de validité est de ne rien renfermer de contraire aux dispositions légales. Aussi fut-il décidé qu'un semblable règlement ne lie pas le juge.

Qu'adviendrait-il d'une règle unique? La même solution ne nous semble pas pouvoir être proposée. Mais remarquons que le conseil cantonal se réserve toujours le droit, en cas d'abus, de retirer son approbation.

AUTRICHE-HONGRIE.

La première loi industrielle générale, en Autriche, remonte à une époque assez éloignée; elle date du 20 décembre 1859, mais la loi du 8 mars 1885 est venue modifier et compléter le titre VI, relatif aux « auxiliaires industriels ». C'est elle qui a établi les dispositions actuellement en vigueur qui concernent le règlement d'atelier désigné ici sous le nom d' « Ordre des travaux ».

L'article 88 *a* est ainsi conçu :

« Dans les fabriques et entreprises industrielles qui occupent dans un même local plus de vingt ouvriers, un ordre de travail doit être affiché dans l'atelier. Cet ordre de travail, signé par l'industriel et communiqué à tous les ouvriers lors de leur engagement, doit, avec l'indication de la date de sa mise en vigueur, contenir principalement les dispositions suivantes :

a) des différentes catégories d'ouvriers, de l'emploi des femmes et des jeunes ouvriers ;

b) de la manière dont les jeunes ouvriers peuvent recevoir l'enseignement scolaire prescrit ;

c) des jours de travail, du commencement et de la fin du travail et des repos ;

d) de l'époque du compte et de la paie des salaires ;

e) des droits et des devoirs des surveillants ;

f) des soins à donner aux ouvriers en cas de maladie ou d'accidents ;

g) des amendes conventionnelles encourues pour contraventions à l'ordre de travail, de l'emploi des amendes et des autres cas de diminution du salaire ;

h) du délai de dénonciation de l'engagement et des cas dans lesquels l'engagement peut être brusquement rompu ;

L'ordre de travail doit être communiqué en double exemplaire à l'autorité industrielle, huit jours au moins avant l'affichage ; l'autorité industrielle revêt de son visa un des exemplaires, si elle n'a relevé rien d'illégal dans l'ordre de travail, et le remet à l'industriel ».

Comme pour la Suisse, nous voyons ici que le règlement, pour être valable, doit avoir reçu le visa de l'autorité ; mais la loi ne s'est pas préoccupée de chercher à établir une part d'intervention, si petite soit-elle, de l'ouvrier dans la confection du règlement.

Les mêmes prescriptions, dans leur ensemble, se retrouvent dans la législation hongroise. La Gewerbe-Gesetz de Hongrie, du 21 mai 1884, contient sur les

« Ouvriers de fabrique », des dispositions empruntées à la loi VIII de 1872, qui offrent de grandes analogies avec celles de la loi autrichienne du 20 décembre 1859.

Voici le texte de l'article 113 qui a trait au règlement:

ARTICLE 113. Un ordre de travail doit être affiché dans les ateliers et indiquer:

a) la distribution et l'occupation des ouvriers, spécialement la manière dont les femmes et les enfants sont occupés eu égard à leur force physique et à l'obligation scolaire des enfants ;

b) la durée du travail ;

c) les dispositions relatives à l'époque de la paie et au paiement des salaires ;

d) les droits des surveillants ;

e) les soins à donner aux ouvriers en cas de maladie ou d'accidents ;

f) les amendes encourues pour contravention à l'ordre du travail ;

g) le délai de dénonciation à l'engagement et les cas dans lesquels il peut être immédiatement interrompu.

L'ordre de travail doit ne rien contenir de contraire aux dispositions de la loi. Il doit être visé par l'autorité.

ALLEMAGNE

Le premier fondement de la législation industrielle allemande a été la loi de 1869. Elle est sortie des tendances du parti national libéral, « représentant des intérêts de la finance et de la grande industrie », qui n'ont que faire des corporations et de la protection de l'ouvrier, et des théories libérales de Manchester. Mais on sentit bientôt le besoin de modifier, et à la suite de la conférence réunie à Berlin en mars 1890, pour l'étude de la réglementation ouvrière, le titre VII de la Gewerbe-Ordmong, consacré aux « Ouvriers industriels », fut entièrement refondu par la loi du 1er juin 1891, qui établit une innovation importante, celle du règlement de travail. Depuis, la loi du 30 juin 1900 a complété et modifié ce titre sur divers points.

Le règlement d'atelier, désigné ici sous le nom d'ordre de travail, est régi par les dispositions suivantes :

§ 134 a) Pour chaque fabrique occupant régulièrement vingt ouvriers au moins, un ordre de travail devra être publié, dans les quatre semaines de l'entrée en vigueur de la présente loi ou de l'ouverture de l'exploitation.

Pour chacune des divisions de l'entreprise ou pour chaque catégorie d'ouvriers, il pourra être établi un règlement spécial. Le règlement est introduit par affichage.

Il indiquera l'époque à laquelle il doit entrer en vigueur et sera signé par celui qui l'a établi, avec indication de la date.

Des modifications au texte du règlement ne peuvent être apportées que par des suppléments ou par introduction d'un nouveau règlement à la place de l'ancien.

Les règlements et leurs suppléments entrent en vigueur au plus tôt deux semaines après leur introduction.

§ 134 *b*) L'ordre de travail doit renfermer des dispositions :

1° Concernant le début et la fin de la journée régulière de travail, ainsi que les intervalles de repos prévus pour les ouvriers adultes ;

2° Concernant l'époque et le mode du calcul et du paiement régulier des salaires, avec cette réserve que le paiement régulier des salaires ne pourra avoir lieu le dimanche. Certaines dérogations peuvent être accordées par l'autorité administrative inférieure [1].

----

(1) Cette interdiction de payer régulièrement les salaires le dimanche a été introduite par la loi du 30 juin 1900.

3° Lorsqu'on ne doit pas s'en tenir aux dispositions légales, concernant les délais de congé ainsi que les causes pour lesquelles les ouvriers pourront être congédiés ou pourront abandonner le travail, sans préavis ;

4° Lorsque des pénalités auront été prévues, concernant la nature et le taux de celles-ci, le mode de leur détermination, et, s'il s'agit d'amendes, concernant la manière dont elles seront perçues et le but auquel elles seront consacrées ;

5° Lorsque des retenues sur les salaires au sens des dispositions du § 134, al. 2 [1] sont prévues dans le règlement d'atelier ou le contrat de travail, concernant l'emploi des sommes ainsi retenues.

Les dispositions pénales qui seraient de nature à blesser les sentiments d'honneur ou les bonnes mœurs ne pourront être introduites dans le règlement d'atelier. Les amendes ne pourront excéder la moitié du salaire journalier moyen ; toutefois des voies de fait contre les compagnons de travail, des offenses graves aux bonnes mœurs, ainsi que la violation des dispositions du Code industriel, pourront être frappées d'une amende absorbant la totalité du salaire journalier moyen. Toutes les amendes doi-

---

(1) § 134. Al. 2. : « Les exploitants des fabriques qui occupent régulièrement au moins 20 ouvriers, ne peuvent dans le cas où le contrat de travail est rompu illégalement par l'ouvrier, fixer la retenue à opérer sur le salaire dû, au-dessus du taux du salaire hebdomadaire moyen ».

vent être employées au mieux des intérêts des ouvriers de la fabrique. Le droit du patron de réclamer une indemnité n'est pas atteint par cette disposition.

Indépendamment des dispositions indiquées dans le § Ier sous les n°s 1 et 5, le propriétaire de la fabrique pourra insérer dans l'ordre de travail d'autres prescriptions relatives à l'organisation intérieure et à la conduite des ouvriers.

Des prescriptions relatives à la conduite des ouvriers pour l'usage des institutions ayant rapport à la fabrique et adoptées dans leur intérêt, ainsi que des prescriptions sur la conduite des ouvriers mineurs en dehors de la fabrique, pourront être insérées dans l'ordre de travail, du consentement d'une commission ouvrière permanente.

§ 134 c) La teneur de l'ordre de travail, pourvu qu'il ne soit pas contraire aux lois, a force obligatoire pour les patrons et pour les ouvriers.

Des motifs de renvoi et d'abandon de travail autres que ceux qui sont prévus dans l'ordre de travail ou dans les articles 123 et 124, ne doivent pas être stipulés dans le contrat de travail. Des pénalités autres que celles qui sont prévues dans l'ordre de travail ne doivent pas être infligées aux ouvriers. Les peines doivent être fixées sans retard et portées à la connaissance de l'ouvrier.

Les amendes infligées doivent être inscrites sur une liste mentionnant le nom de la personne punie, la date de la punition, le motif et le taux de la pénalité, et qui doit être présentée à toute époque au fonctionnaire désigné a l'article (139 *b*).

§ 134 *d*) Avant la publication de l'ordre de travail ou d'un supplément de celui-ci, les ouvriers majeurs occupés dans la fabrique ou dans les parties intéressées de l'établissement, doivent être mis en mesure d'exprimer leur avis sur la teneur de ce dernier.

Pour les fabriques dans lesquelles il existe une Commission ouvrière permanente, il est satisfait à cette prescription en entendant la Commission sur la teneur de l'ordre de travail.

§ 134 *e*) L'ordre de travail, ainsi que tout supplément de celui-ci, doit être dans les trois jours de la publication, communiqué en double expédition à l'autorité administrative inférieure, accompagné des avis exprimés par les ouvriers, s'ils ont été formulés par écrit ou consignés dans un procès-verbal, et d'une déclaration constatant que, et indiquant comment il a été satisfait à la prescription de l'article 134 *d*)

L'ordre de travail doit être affiché à une place convenable, accessible à tous les ouvriers intéressés. L'affiche doit être constamment maintenue en état de lisibilité. L'ordre de travail doit être remis à chaque ouvrier lors de son entrée.

§ 134 *f*) Les ordres de travail et les suppléments à de tels ordres qui n'ont pas été publiés réglementairement et dont la teneur est en contradiction avec les dispositions légales, doivent être, sur ordonnance de l'autorité administrative inférieure, remplacés par des ordres de travail légaux ou modifiés conformément aux prescriptions légales.

Cette ordonnance peut être attaquée dans un délai de deux semaines devant l'autorité administrative supérieure.

§ 134 g)...

§ 134 h) Ne sont considérées comme Commissions ouvrières permanentes, au sens des articles 134 b. al. 3 et 134 d), que :

1° Les comités directeurs des caisses de maladie de fabriques ou d'autres caisses existant pour les ouvriers de la fabrique dont la majorité des membres doit être élue par les ouvriers dans leur sein, en tant qu'ils sont constitués comme Commissions ouvrières permanentes ;

2° Les «anciens» des associations minières qui comprennent les établissements d'un industriel non assujettis aux dispositions de la législation minière, en tant qu'ils sont constitués comme Commissions ouvrières permanentes ;

3° Les commissions ouvrières permanentes instituées avant le premier janvier 1891, dont les membres sont en majorité élus par les ouvriers dans leur sein ;

4° Les représentations dont les membres sont en majorité élus, au premier degré et au scrutin secret par les ouvriers majeurs de la fabrique ou de la

partie intéressée de la fabrique dans leur sein.
L'élection des représentants peut également avoir
lieu par catégorie d'ouvriers ou par partie distincte
de l'établissement. »

En résumé, obligation de l'ordre de travail,
teneur obligatoire, réglementation des amendes
qui doivent être prévues au règlement et ne pas
dépasser un certain maximum, être notifiées à l'intéressé, inscrites sur une liste de contrôle et employées
dans l'intérêt des ouvriers ; consultation du
personnel, examen du règlement par l'autorité
administrative ; enfin affichage et remise d'une copie
à chaque ouvrier. Telles sont les principales dispositions de la loi allemande.

Le Code civil russe, compilation mise en vigueur le 1ᵉʳ Janvier 1835 et remaniée depuis selon les exigences nouvelles, renferme de nombreux articles sur le louage d'industrie, et le Code de droit pénal punit notamment les abus du truck-system. Mais les deux lois importantes pour la question qui nous intéresse, sont celles du 3 Juin 1886 sur le contrat de travail des ouvriers industriels et du 12 Juin 1886 sur le contrat de travail des ouvriers agricoles. Les privations qu'eurent, en 1884, à subir les ouvriers, leur firent ressentir plus péniblement encore les effets de deux abus qui sévissaient alors dans les fabriques : les amendes et l'obligation de s'approvisionner aux magasins de fabrique. Erigées en système dans un grand nombre d'établissements, les amendes étaient devenues une source intarissable de revenus et servaient à compenser les pertes subies par la production. Quant aux magasins on y vendait à crédit et à des prix qui dépassaient jusqu'à 45 0/0 les prix ordinaires. Après une série de désordres, l'Etat sentit la nécessité d'intervenir dans le contrat de travail : il promulgua la loi du 3 Juin 1886.

Cette loi porte l'empreinte des nécessités qui l'ont fait naître. S'écartant du droit commun qui fonde la validité du contrat sur le consentement et la libre volonté, elle s'interpose entre les deux parties au nom des intérêts de l'Etat et équilibre leurs droits et leurs devoirs, en enlevant à l'une une liberté dont elle était trop portée à abuser, en mettant obstacle aux revendications de l'autre. La Russie a légiféré sans crainte ; un peu trop, dit-on, et trop hâtivement dit-on encore.

Voici les dispositions relatives au règlement d'atelier :

A. *Dans les manufactures :*

ARTICLE 18. — L'administration de l'usine ou de la fabrique fait le règlement de l'ordre intérieur qui doit être suivi par les ouvriers. Ce règlement est affiché dans tous les ateliers.

B. *Dans les industries agglomérées :*

ARTICLE 29. — Le règlement d'ordre intérieur est approuvé par l'inspecteur des fabriques. Il doit indiquer :

a) le tableau des heures (distinctes pour les adultes et les mineurs) de l'entrée au travail et de la sortie ; le nombre et la durée des intervalles pour le repos, le déjeuner et le dîner ;

b) les jours fériés ;

c) les conditions et la durée du travail, et, pour les ouvriers logeant dans les locaux dépendant de la fabrique ou de l'usine, les conditions et la durée de l'absence de ces locaux ;

d) les conditions de jouissance des logements, bains, etc... établis pour les ouvriers de la fabrique ;

e) les heures de nettoyage des machines et des ateliers ;

f) les obligations des ouvriers en vue du maintien de l'ordre et de la décence dans les fabriques ;

g) les précautions à prendre avec les machines, le feu, etc.... »

De nombreuses dispositions règlent et limitent l'usage des amendes et retenues qui sont la sanction du règlement intérieur. Les circonstances dans lesquelles a été élaborée la loi expliquent la minutie des détails. D'abord la loi définit les cas où une amende peut être infligée. Le mal n'est pas cependant enrayé, car l'énumération très compliquée remet aux mains du fabricant le moyen d'infliger de multiples peines pécuniaires. Ici on doit agir par l'influence morale sur les patrons et contre-maîtres pour qu'ils n'abusent pas des amendes et qu'ils essayent plutôt de tact et de fermeté pour maintenir l'ordre. Ensuite la loi exige que le produit en soit affecté aux besoins des ouvriers. Mais il paraît qu'on ne se hâte pas de leur donner cette destination. Quoi qu'il en soit, voici les :

1° *Dispositions spéciales aux usines agglomérées.*

ARTICLE 30. — En vue du maintien dans les fabriques

de l'ordre nécessaire, les gérants sont autorisés à infliger, de leur propre autorité, des amendes aux ouvriers :

a) pour travail inexact ;

b) pour chômage ;

c) pour atteinte à l'ordre.

Aucune amende ne peut être infligée pour un autre motif.

ARTICLE 31. — Est considéré comme travail inexact la confection par négligence de produits de mauvaise qualité, la détérioration des matières, machines et autres instruments de production. L'amende pour travail négligent est proportionnée au degré de la négligence.

ARTICLE 32. — Est considéré comme chômage, par opposition à l'entrée irrégulière au travail ou à l'absence sans autorisation, le fait de ne pas se présenter pour travailler pendant une demi-journée au moins. L'amende pour chômage doit être proportionnée au salaire de l'ouvrier et à la durée du chômage, sans toutefois pouvoir excéder le salaire de trois journées de travail. En outre, l'ouvrier est soumis à la retenue de son salaire pour toute la durée du chômage. En ce qui concerne les ouvriers travaillant à la tâche, l'amende ne doit pas dépasser un rouble par jour de chômage et trois roubles en tout [1].

---

(1) Le cas de force majeure excuserait l'ouvrier.

ARTICLE 33. — Sont considérées comme une atteinte portée à l'ordre :

a) l'arrivée irrégulière au travail ou l'absence sans autorisation ;

b) l'inobservation, dans les usines et fabriqués, des mesures de précaution à prendre avec le feu ;

c) l'inobservation des règles de propreté ;

d) la rupture du silence pendant le travail, par des bruits, cris, injures, disputes ou rixes ;

e) la désobéissance ;

f) l'arrivée au travail en état d'ivresse ;

g) l'organisation de jeux d'argent interdits.

L'amende pour chaque atteinte à l'ordre ne peut dépasser un rouble.

ARTICLE 35. — Les amendes infligées pour travail inexact, chômage et atteinte à l'ordre, ne doivent pas dépasser, en tout, un tiers du gain revenant à l'ouvrier à la date fixée pour le paiement.

ARTICLE 39. — Les amendes perçues sur les ouvriers servent à former dans chaque fabrique un fonds spécial géré par l'administration de la fabrique. Ce fonds ne peut être employé qu'avec l'autorisation de l'inspection, et seulement aux besoins des ouvriers conformément aux règles édictées par le Ministre des Finances, après entente avec le Ministre de l'Intérieur.

2° Dispositions relatives aux travaux agricoles.

ARTICLE 50. — Le maître est autorisé à soumettre les ouvriers à des retenues de salaires pour chômage, travail négligé, grossièreté, désobéissance et dégâts commis sur ses biens. Aucune autre cause de retenue n'est admise.

ARTICLE 51. — La retenue pour chômage ne peut excéder le double du salaire qui serait dû à l'ouvrier pour le temps perdu. Les autres retenues prévues à l'article précédent ne peuvent dépasser le double du salaire journalier de l'ouvrier.

ARTICLE 53. — Est considérée comme chômage l'absence de l'ouvrier de son travail, sans motif valable pendant trois jours consécutifs au plus.

Au delà de ce terme, selon l'article 54, l'absence devient un cas de non comparution, qui motive, selon l'article 58, 5°, la résiliation du contrat et même une action en dommages-intérêts selon l'article 57.

Si l'ouvrier fait une plainte contre le patron et qu'elle soit rejetée, le temps que l'ouvrier aura consacré au procès sans travailler, sera considéré comme chômage, article 56.

Enfin, ajoutons pour être complet, bien que la clause relative au délai de préavis ne soit pas obligatoire dans le règlement, que, pour les manufactures, dans le cas de louage pour un terme indéterminé, chacune des parties contractantes peut rompre le contrat en prévenant son co-contractant deux semaines d'avance.

Telles sont les minutieuses prescriptions de la législation russe, qui se trouvent encore aggravées par suite de l'intervention parallèle des autorités administratives.

C'est ainsi que le Conseil supérieur de l'Industrie et des Mines a le droit, en vertu du décret impérial du 7 juin 1899 qui le crée, de « faire des instructions, règles et règlements développant les dispositions légales en vigueur, relatives : à l'observation, dans les fabriques, usines et industries minières, du bon ordre et des mesures de sécurité ; au louage, dans les établissements dépendant de l'industrie minière, les usines et les fabriques ; aux rapports réciproques des industriels et des ouvriers ; à la durée et à la répartition du temps du travail.

NORVÈGE

Après la Suisse, l'Autriche-Hongrie, la Russie et l'Allemagne, la Norvège conclut à la nécessité de légiférer sur la question. Elle l'a fait par la loi du 27 juin 1892 sur l'inspection du travail dans les fabriques.

Son article 32 est ainsi conçu :

ARTICLE 32. — Les patrons d'industries employant plus de 25 ouvriers, ou que l'inspection croira devoir soumettre à cette obligation, sans égard au nombre de leurs ouvriers, seront tenus de rédiger un règlement concernant toute l'organisation du travail, les règles d'ordre intérieur de l'établissement, les conditions d'embauchage et de renvoi et le paiement des salaires.

Si le règlement établit des amendes, elles ne pourront excéder la moitié du salaire journalier, sauf pour les fautes graves pouvant mettre en péril la vie, les membres ou la santé des personnes ou pour graves dégradations ou dommages matériels, cas dont il aura été donné des exemples au règlement.

Le produit des amendes appartiendra à la caisse

des malades déterminée par le ministère compétent.

Les retenues sur les salaires, pour travail insuffisant ou dommages matériels, ne seront pas considérées comme des amendes.

Le règlement sera envoyé, dans les quatre semaines après l'entrée en vigueur de cette loi, ou pour les nouvelles industries dans les quatre semaines de leur ouverture, à l'inspecteur des fabriques compétent, lequel l'adressera le plus tôt possible avec son avis au ministère compétent pour approbation. Cette approbation ne pourra être donnée que si le règlement ne contient rien de contraire aux prescriptions de la loi.

Lors de la préparation du règlement, le patron devra permettre à cinq représentants au moins des ouvriers, de s'expliquer sur ses dispositions. Ces représentants seront choisis par et parmi les ouvriers âgés de plus de dix-huit ans.

Il sera accordé aux représentants élus, pour délibérer, un délai de huit jours. Une attestation, portant que cette prescription a été observée, devra être adressée au ministère.

Les mêmes règles s'appliqueront lorsqu'il sera question d'apporter des additions ou modifications à un règlement déjà approuvé.

Les dispositions concernant les amendes, aux paragraphes 2, 3 et 4, s'appliqueront même en l'absence de règlement.

ARTICLE 33. — Les dispositions réglementaires

prises par le roi ou par d'autres autorités conformément à cette loi, et notamment le règlement de fabrique
ou de travail qui aura été établi, et l'indication des
heures où les enfants, jeunes gens et adultes commen-
ceront et termineront leur travail, ainsi que de leurs
heures de repos, seront affichés dans chaque atelier,
en tant qu'ils le concernent, en nombre convenable
d'exemplaires imprimés ou écrits à la main en lettres
suffisamment grandes et lisibles.

Un exemplaire du règlement sera remis à chaque
ouvrier.

ARTICLE 34. — Les ouvriers ne pourront valable-
ment consentir, dans une plus large mesure que la
loi ne le permet expressément, des dérogations aux
prescriptions légales.

ARTICLE 40. — Sera puni de cinq à cinquante cou-
ronnes (6 à 60 fr.) d'amende tout patron qui :

3° Omettra, malgré les injonctions de l'inspection,
de remplir les obligations qui lui incombent en ce
qui concerne la rédaction d'un règlement de travail.

Telles sont les dispositions de la loi relatives au
règlement d'atelier. Elles ne diffèrent pas sensiblement de celles des autres pays. Il est à remarquer
seulement que l'obligation n'est imposée qu'aux
établissements de plus de 25 ouvriers, c'est-à-dire à
la moyenne et à la grande industrie. Ce minimum
bien supérieur au minimum belge par exemple, vient
peut-être de ce que le machinisme est moins déve-
loppé dans ce pays, ce qui diminue l'importance d'un

établissement comprenant une vingtaine d'ouvriers. Par contre, comme dans les autres pays, se trouvent exigées : la consultation des ouvriers, la limitation des amendes et l'approbation par l'autorité supérieure, approbation qui a pour but d'éviter que le règlement ne contienne des dispositions contraires aux lois. Mais il n'est pas indiqué, comme en Suisse, que le gouvernement pourra revenir sur son autorisation.

Outre l'affichage, prescrit par toutes les législations, la remise d'un exemplaire à chaque ouvrier est nécessaire.

On représente souvent la Belgique comme un pays arriéré au point de vue de la législation protectrice des travailleurs. Il est certain qu'elle n'est pas entrée aussi résolument que d'autres dans le mouvement interventionniste. Elle n'en possède pas moins une loi spéciale sur les règlements d'atelier, celle du 15 Juin 1896, votée à l'unanimité par la Chambre des représentants et à une grosse majorité par le Sénat. Depuis, une loi du 10 mars 1900 est venue réglementer le contrat de travail, mais laisse subsister la loi du 15 Juin 1896 dont voici le texte :

Loi sur les règlements d'atelier

ARTICLE 1ᵉʳ. — Dans les entreprises industrielles et commerciales, ainsi que dans les services des provinces et des communes qui emploient dix ouvriers au moins, un règlement d'atelier écrit doit être arrêté de la manière prévue par la présente loi.

Cette obligation peut être étendue par arrêté royal aux entreprises qui emploient moins de dix ouvriers. Elle le sera, avant l'an 1909, aux entreprises qui emploient cinq ouvriers au moins.

Sont exceptées les entreprises agricoles, ainsi que les entreprises industrielles et commerciales où le chef d'entreprise ne travaille qu'avec son ménage ou des membres de sa famille habitant avec lui, ou dont les ouvriers doivent être considérés comme domestiques ou gens de la maison.

Le règlement d'atelier doit être rédigé soit en français, soit en flamand, soit en allemand, ou en plusieurs de ces langues, de manière qu'il soit compris par tous les ouvriers attachés à l'entreprise.

ARTICLE 2. — Le règlement d'atelier doit indiquer dans la mesure que comporte la nature de l'entreprise :

1° Le commencement et la fin de la journée de travail régulière, les intervalles de repos, les jours de chômage réguliers ;

2° La manière dont le salaire est déterminé et notamment si l'ouvrier est rétribué à l'heure, à la journée, à la tâche ou à l'entreprise ;

3° Lorsque l'ouvrier est rétribué à la tâche ou à l'entreprise, le mode de mesurage et de contrôle ;

4° Les époques de paiement des salaires.

Si les ouvriers ne séjournent dans les locaux de l'entreprise que pour y prendre des matières premières ou y remettre le produit de leur travail, l'indication du 1° ci-dessus est remplacée par celle des jours et heures où les locaux leur sont accessibles.

Article 3. — Là où l'entreprise le comporte, le règlement d'atelier doit encore indiquer :

1° Les droits et les devoirs du personnel de surveillance, le recours ouvert aux ouvriers en cas de plainte ou de difficultés ;

2° Les fournitures qui sont faites à l'ouvrier à charge d'imputation sur le salaire ;

3° Si un préavis de congé est exigé, le délai du congé, ainsi que les cas où le contrat peut être rompu sans préavis par l'une ou l'autre des parties ;

4° S'il existe des pénalités ou amendes, la nature des pénalités, le taux des amendes et l'emploi qui en est fait.

Article 4. — D'autres pénalités ou amendes que celles prévues par le règlement ne peuvent être appliquées.

Les pénalités ou amendes doivent être notifiées à ceux qui les ont encourues le jour même où elles sont infligées, ou, en cas d'empêchement, le plus tôt possible. Elles sont consignées dans un état qui contient, en regard des noms des ouvriers punis, la date et le motif de la punition, ainsi que la nature de la pénalité ou le chiffre de l'amende.

Cet état doit être ratifié avant la paye par le chef ou un directeur de l'entreprise. Il doit être montré aux inspecteurs du travail à toute réquisition.

Article 5. — Un arrêté royal peut prescrire que,

dans des catégories d'entreprises déterminées, le règlement d'atelier indiquera en outre :

1° Les règles spéciales adoptées en vue d'assurer la salubrité, la sécurité, la moralité et les convenances ;

2° Les premiers soins qui seront donnés aux ouvriers en cas d'accident ;

ARTICLE 6. — Dans les six mois de la promulgation de la présente loi, le Roi convoquera les sections des conseils de l'industrie et du travail, aux fins de rédiger, en s'inspirant de l'usage, des règlements-types conformes aux prescriptions des articles qui précèdent.

ARTICLE 7. — Avant d'entrer en vigueur, tout règlement nouveau ou tout changement à un règlement ancien doit être porté à la connaissance des ouvriers par voie d'affiche.

Pendant huit jours au moins à partir de l'affichage, le chef d'entreprise tient à la disposition de ses ouvriers un registre ou cahier où ceux-ci peuvent, soit individuellement, soit, le cas échéant, par leurs représentants au conseil d'usine ou à toute autre délégation analogue, consigner les observations qu'ils auraient à présenter.

Les ouvriers peuvent, dans le même délai, adresser individuellement et par écrit leurs observations à l'inspecteur du travail du ressort. L'inspecteur transmet ces observations au chef d'entreprise, dans les trois jours de la réception.

Les observations doivent être signées par les ouvriers ; toutefois, lorsque ceux-ci en auront exprimé le désir, leurs noms ne pourront être ni communiqués, ni divulgués.

Modifié ou non, le règlement ou le changement au règlement entre en vigueur quinze jours après l'affichage. Le chef d'entreprise a le droit de prolonger ce délai, dont la durée totale ne peut toutefois jamais être supérieure à deux mois ; lorsqu'il est fait usage de cette faculté, le projet affiché doit mentionner la date de l'entrée en vigueur.

Le chef d'entreprise envoie au Conseil de Prud'hommes et à l'inspecteur du travail un exemplaire du règlement ou du changement au règlement devenu définitif.

ARTICLE 8. — Tout règlement ou tout changement au règlement doit porter l'attestation, dûment signée par le chef d'entreprise, de la consultation régulière des ouvriers, conformément à l'article 7 de la présente loi.

ARTICLE 9. — Le règlement ou les usages antérieurs subsistent jusqu'à la mise en vigueur du nouveau règlement d'atelier.

Toutefois, si le règlement doit contenir, conformément à l'article 5, des règles spéciales concernant la salubrité, la sécurité, la moralité et les convenances, ces règles, par dérogation à l'article 7, alinéa 5, entreront provisoirement en vigueur dès le jour de l'affichage.

ARTICLE 10. — Les règlements faits conformément à la présente loi lient les parties pour toute la durée de l'engagement, tant dans les dispositions obligatoires prévues ci-dessus que dans les dispositions facultatives qui y seraient jointes en vue d'établir les conditions du contrat de travail.

ARTICLE 11. — Le règlement est et reste affiché dans les locaux de l'entreprise, à un endroit apparent.

Tout ouvrier a le droit d'en prendre copie. Les noms et résidences des délégués du gouvernement pour l'inspection du travail sont affichés en dessous du règlement d'atelier.

ARTICLE 12. — Les chefs d'entreprise soumis à la présente loi tiennent un état exact de leur personnel ouvrier, suivant un modèle dressé par l'administration.

ARTICLE 13.......

ARTICLE 14. — Les délégués du gouvernement pour l'inspection ont la libre entrée dans les locaux affectés à l'entreprise. Ils surveillent l'exécution de la présente loi et constatent les infractions par des procès-verbaux faisant foi jusqu'à preuve contraire.

Une copie du procès-verbal sera, dans les quarante-huit heures, remise au contrevenant, à peine de nullité.

ARTICLE 15. — Seront punis d'une amende de 25 à 1000 fr. les chefs d'industrie, patrons, directeurs

ou gérants qui ne seront point pourvus d'un règlement dans les délais légaux, ou qui auront fausse-
ment certifié la consultation régulière de leurs
ouvriers.

Seront punis d'une amende de 25 à 500 fr. les
chefs d'industrie, patrons, directeurs ou gérants qui
auront omis de comprendre dans leurs règlements
une ou plusieurs dispositions prévues par les articles 2, 3, (1° et 2°), 5 et 8.

Dans les cas ci-dessus, la peine sera encourue à nouveau lorsque l'auteur de l'infraction aura négligé de se
conformer à la loi dans les trois mois de la condamnation contradictoire ou de la signification du jugement de condamnation par défaut.

ARTICLE 16. — Seront punis d'une amende de 26
à 200 fr. les chefs d'industrie, patrons, directeurs ou
gérants qui contreviendront aux articles 4, 11, 12, 13
et 24 de la présente loi.

Les articles 17, 23 contiennent des dispositions
secondaires sur l'application de la loi et qu'il est inutile de reproduire.

ARTICLE 24. — Le total des amendes infligées par
jour à l'ouvrier ne peut dépasser le cinquième de son
salaire journalier.

Le produit des amendes doit être employé au
profit des ouvriers ».

Telle est la loi du 15 juin 1896.

Le législateur belge soucieux de ne pas mettre des
entraves à l'industrie, a apporté un double tempé-

rament au principe de l'obligation du règlement. Il
a d'abord admis une triple exception en faveur des
entreprises agricoles, des entreprises industrielles
et commerciales dont le chef ne travaille qu'avec des
membres de sa famille habitant chez lui, et enfin
de l'Etat considéré comme entrepreneur de services
publics. Mais, conformément à la disposition de
l'article 1er, al. 2, un arrêté royal du 31 mai 1899 a
étendu l'obligation du règlement d'atelier écrit aux
entreprises qui emploient cinq ouvriers au moins.
Il a, en second lieu, évité d'établir des prescriptions
trop étroites, et s'est contenté d'indiquer les points
principaux qui devaient se trouver dans le règlement.
Et encore le patron peut-il n'obéir à cette injonction
que dans la mesure que comporte la nature de l'entreprise. Il règne dans l'application une certaine
élasticité dont les tribunaux sont juges. Si le règlement doit, en principe, indiquer quand commence et
quand finit la journée de travail régulière, fixer les
intervalles de repos, les jours de chômage réguliers,
il est bien entendu que, si dans certaines industries
il est impossible de remplir ces conditions, l'industriel n'encourra pas de pénalités. De même si des
nécessités urgentes justifient des modifications du
règlement, exceptionnelles et temporaires, il est
bien évident que l'application de la loi sera suspen-
due, après décision rendue par les inspecteurs du
travail.

Une clause importante que devra contenir le règlement est celle relative aux droits et aux devoirs du

personnel de surveillance et au recours ouvert aux ouvriers en cas de plainte.

Le règlement renseignera par exemple sur la hiérarchie, sur les moyens de contrôle, sur les modes de réclamation, etc.., en un mot sur tout ce qui rentre dans l'obligation, au sens juridique de l'expression. Un arrêté royal peut prescrire que, dans des catégories d'entreprises, le règlement d'atelier contienne les règles spéciales adoptées en vue d'assurer la salubrité, la sécurité, la moralité, les convenances et les premiers soins à donner aux ouvriers en cas d'accident. Et cela est juste et nécessaire, car les négligences, volontaires ou non, étaient trop fréquentes, surtout lorsqu'il y avait des dépenses à faire pour se conformer à la loi.

L'amendement suivant, présenté par les socialistes et certains membres de la droite, fut rejeté: « Sont interdits d'une façon absolue les articles de règlement, instituant à titre de pénalités, des retenues de salaires soit sous le nom d'amendes soit sous toutes autres appellations. »

En conséquence, les amendes ont un maximum; elles ne peuvent plus dépasser le cinquième du salaire journalier; leur produit doit être employé au profit des ouvriers; enfin elles doivent être indiquées dans le règlement, notifiées à l'intéressé le plus tôt possible et consignées dans un livret mis à la disposition de l'inspecteur.

Là où l'entreprise le comporte, le règlement d'ate-

lier doit encore indiquer... 3° Si un préavis de congé
est exigé, le délai de congé, ainsi que les cas où le
contrat peut être rompu sans préavis par l'une ou
l'autre des parties.

La loi de 1896 n'était pas plus explicite. Ce texte
a été complété par l'article 19 de la loi sur le contrat
de travail du 10 mars 1900 ainsi conçu : « Lorsque
l'engagement est conclu pour une durée indéfinie,
chacune des parties a le droit d'y mettre fin par un
congé donné à l'autre. Sauf disposition contraire résultant de la convention ou de l'usage, les parties sont
tenues de se donner un avertissement préalable de
sept jours au moins. Toutefois, dans les entreprises
où le règlement d'atelier est obligatoire, il n'y a lieu
à semblable préavis que si le règlement l'exige.

L'obligation et le délai du préavis sont réciproques.
S'il était stipulé des délais d'inégale longueur pour
les parties en présence, le délai le plus long ferait
foi à l'égard de chacune d'elles. »

Comme il peut se présenter des circonstances jus-
tifiant la suppression du préavis, la loi sur le contrat
de travail, énumère les cas où les manquements graves
dispensent du terme ou du préavis.

Telles sont les limites entre lesquelles se meut
l'activité du patron pour la rédaction de ce règlement.
On peut ainsi dire que quatre facteurs concourent à sa
confection : le Conseil d'industrie et du travail, par
la rédaction de règlements, types, sortes de statuts
modèles proposés, mais non imposés aux industriels;

l'ouvrier par les observations qu'il présente ; le patron qui élabore le règlement en se conformant aux prescriptions légales ; enfin l'inspecteur du travail qui veille à l'exécution de la loi.

CHAPITRE IV

HISTORIQUE DE LA QUESTION
EXPOSÉ DES PROJETS DE LOI ET DES DISCUSSIONS
A LA CHAMBRE DES DÉPUTÉS ET AU SÉNAT

« Si on a présent à l'esprit, écrit M. Sauzet, les
deux caractères fondamentaux de notre ancienne organisation industrielle, — le monopole et la réglementation, — on discerne aussitôt très nettement la
situation qui en résultait pour les maîtres et les ouvriers
dans leurs rapports réciproques. Nulle place pour la
libre discussion entre eux: Parler, alors, de contrat
de travail est théoriquement un anachronisme.
D'abord — parce que à un tel contrat la matière même,
l'objet — fait défaut : le droit de travailler n'est pas
dans le commerce. Ensuite, parce que si, en fait,
malgré le principe du monopole, maîtres et ouvriers
entrent en pourparlers, ils se heurteront à chaque
pas à des mesures réglementaires, à des tarifs. »

Ce n'est qu'avec la Révolution que nous voyons
apparaître les difficultés qui naissent de la conclusion
d'un contrat de travail, et par conséquent se poser

la question du règlement d'atelier. M. Marc Sauzet, professeur à la faculté de Droit de Paris, a retrouvé à la Bibliothèque nationale, un projet de loi relative « aux manufactures et aux gens de travail de toutes professions », œuvre de L. Costaz, dont l'avait chargé au début du Consulat, son ami et collaborateur au *Journal des Arts et Manufactures*, le ministre de l'Intérieur Chaptal.

On trouve dans « l'Exposition des principes qui ont dirigé les rédacteurs du projet » les raisons qui ont déterminé Louis Costaz à s'occuper du règlement d'atelier pour l'autoriser et le réglementer.

« Il n'est aucune spéculation de négoce qui ne soit sujette aux plus grands périls, et qui ne puisse devenir le principe de la ruine de son auteur, si les éléments sur lesquels elle est fondée peuvent être arbitrairement changés. La loi doit veiller avec le même soin à l'exécution des conditions favorables à l'ouvrier. » Mais « La fidélité des engagements n'est pas la seule condition importante dans les relations des ouvriers avec les entrepreneurs ; il est également nécessaire... que celui qui dirige le travail, soit exactement obéi dans tout ce qui y est relatif. Il faut qu'il puisse établir la subordination entre les ouvriers suivant leurs divers degrés d'habileté et conformément à l'intérêt de l'établissement ; qu'il puisse régler la manière dont se feront la distribution des matières premières et la recette des matières fabriquées, enfin qu'il puisse décider sur une foule de circonstances qui sont importantes, quoique minutieuses, car elles contribuent toutes à l'économie et à la perfection de la main-d'œuvre.

On se flatterait vainement de pourvoir à tous ces détails par des règlements émanant de l'autorité publique ; le règlement convenable pour la police d'une manufacture, n'est pas uniquement déterminé par la nature des choses qu'on y fabrique ; il dépend aussi, et de la manière dont le chef a conçu son entreprise, et des fonds qu'il y veut affecter, et surtout des procédés qu'il veut suivre ; en sorte qu'il faudrait faire des règlements pour toutes les professions, et dans chaque profession, il en faudrait presque autant que d'établissement. »

Dès lors, L. Costaz était amené à conclure que le meilleur parti à prendre est d'autoriser ceux qui sont chargés de la conduite du travail, à régler ce qui y est relatif.

L'ouvrier ayant toujours le pouvoir de faire des conventions particulières et n'étant soumis à ces règlements intérieurs qu'autant qu'il lui aurait plu d'accepter du travail dans l'établissement, ne pouvait raisonnablement se plaindre d'une telle autorisation donnée aux chefs des manufactures.

Des abus peuvent, il est vrai, se produire, et ils sont de deux sortes. « Afin de prévenir des surprises, et d'empêcher que de nouveaux règlements ne soient arbitrairement substitués à ceux sous lesquels les engagements ont été pris », L. Costaz propose l'affichage et le dépôt d'une copie à la mairie du lieu. En second lieu, contre des conditions trop rigoureuses du travail, il pense que l'ouvrier a une garantie dans l'intérêt même du patron. Il se fie aux bienfaits de la libre concurrence pour prévenir ou faire disparaître les clauses excessives. Celui qui prescrirait à ses ouvriers des règles oppressives n'en trouverait pas qui voulussent travailler pour lui ; il serait obligé d'abandonner sa manufacture.

Voici le texte des articles de ce projet relatifs aux règlements d'atelier et qui se trouvent au titre II, traitant « des obligations des ouvriers et de ceux qui les emploient ».

ARTICLE 15. — Les manufacturiers, les fabricants, les entrepreneurs et généralement tous ceux qui, sous quelque dénomination que ce soit, font travailler des ouvriers ont le droit de déterminer par des règlements particuliers, les conditions auxquelles ils admettent à travailler, et l'ordre qu'ils veulent faire observer dans le travail.

ARTICLE 16. — Un règlement de ce genre devient obligatoire pour l'ouvrier, par le fait seul de l'acceptation du travail, sans préjudice, néanmoins, des conventions particulières qui doivent toujours avoir leur plein et entier effet. Les contestations auxquelles il donne lieu, sont portées devant le juge de paix.

ARTICLE 17. — Ce règlement n'est point reconnu par le juge de paix, si les deux formalités suivantes n'o pas été remplies: 1° le règlement doit être affiché de manière que les ouvriers puissent toujours en prendre connaissance ; 2° il doit en être déposé copie à la mairie du lieu. Cette copie et l'acte de dépôt ne sont sujets ni au timbre, ni à l'enregistrement.

Tel est le premier projet d.' sur les règlements d'atelier. Malheureusement quand cette question vint devant les rédacteurs du Code civil, ceux-ci s'abstinrent de la traiter. « Sous le Consulat, dit M. Glasson,[1] au lendemain de la tourmente révolutionnaire, et pendant l'Empire, au milieu des guerres continuelles, il avait été impossible à l'industrie de s'organiser sur de nouvelles bases. Entre patrons et ouvriers, il n'existait encore aucun usage sérieusement établi. En l'absence de précédents, à défaut de coutumes uniformes, les rédacteurs du Code civil ont presque entièrement passé les ouvriers sous silence ». Sans doute pour expliquer cet oubli du Code, il ne faut pas négliger ce fait, qu'au moment de sa rédaction, l'industrie n'avait pas pris le développement qu'elle a aujourd'hui. Mais il n'en reste pas moins vrai que la grande industrie existait, que l'on se préoccupait déjà de la question ouvrière. Pour s'en convaincre, il suffit de parcourir la très curieuse législation édictée par la Convention et le Directoire sur le travail dans l'industrie du papier.

D'ailleurs, le contrat de travail ne dépend pas uniquement du développement de la grande industrie. De tous les contrats, il est le plus fréquent. Mais, comme le fait remarquer M. Glasson, ces contrats étaient réglés non pas par le Code civil proprement

_____

(1) Le Code civil et la question ouvrière.

dit, mais par les statuts corporatifs qui réglementent les rapports entre patrons et ouvriers et par des ordonnances royales, des règlements de police. Dès lors, ne peut-on pas en conclure que les rédacteurs du Code civil ont pensé que les rapports entre employeurs et employés devaient être réglés par des ordonnances de police? Ce sont, en effet, des arrêtés du premier Consul qui organisèrent le livret ouvrier.

Quoi qu'il en soit, il n'y eut dans le Code civil que deux articles relatifs au contrat de travail. L'article 1781 décidait : « Le maître est cru sur son affirmation : pour la quotité des gages, pour le paiement du salaire de l'année échue et pour les acomptes donnés pour l'année courante ». La loi du 2 août 1868, en abrogeant cet article, a fait disparaître cette inégalité injustifiable en matière de preuve, entre l'employeur et l'employé. Reste donc seulement l'article 1780 qui interdit le contrat de travail passé pour la vie entière. « On ne peut engager ses services qu'à temps ou pour une entreprise déterminée ». Était-il vraiment nécessaire, après la déclaration des Droits de l'homme, de rappeler l'abolition de l'esclavage et du servage ? L'article contient, il est vrai, ce membre de phrase « ou pour une entreprise déterminée » ; mais cette disposition est déjà obscure et demanderait une interprétation précise si la loi était réformée.

Ainsi, en l'absence de textes législatifs, on a vécu sous le régime de la liberté des conventions. C'est contre cette situation et pour les raisons que nous avons énumérées plus haut, que la question des

règlements d'atelier en France est toujours à l'ordre
du jour.

Débats à la Chambre des Députés en 1890 et 1892

Ce fut le parti socialiste qui prit, dans ces dernières
années, l'initiative d'une proposition de loi sur les
règlements d'atelier. Le projet de M. Ferrul et de 25
de ses collègues fut déposé le 29 mai 1890 sur le
bureau de la Chambre des Députés.

« Jusqu'à présent, lit-on dans l'exposé des motifs,
« les employeurs individuels ou collectifs ont fait la
« loi, de véritables lois, dans les ateliers sous le
« nom de règlements. C'est ainsi que les compagnies
« de chemins de fer, de mines, les propriétaires de
« tissages, de raffineries, de hauts-fournèaux, ont
« institué des codes pénals à l'usage de leurs ouvriers
« frappés d'amende, de descente de classe, de mise
« à pied et autres pénalités. De titre à ce pouvoir
« législatif usurpé par des particuliers, aucun ; sincn
« la possession d'une fraction de l'outillage indus-
« triel et commercial, de même que, sous l'ancien
« Régime, la possession d'une partie du sol entrai-
« nait le droit de justice haute et basse. La Révolu-
« tion de 1789 a supprimé ces justices seigneuriales
« pour ne laisser subsister que la justice sociale.
« Nous croyons que, pour les mêmes raisons, il y a lieu
« de faire disparaître les justices patronales qui ont
« encore cela de commun avec les anciennes jus-
« tices seigneuriales que le patron ne fait pas seule-
« ment la loi, il l'applique lui-même. Après avoir

« édicté la peine de l'amende, il fixe, prononce et
« prélève lui-même. C'est-à-dire que sans délégation
« aucune de la société, sans investiture, il est à la
« fois législateur, juge et percepteur à son propre
« profit. Le projet de loi que nous avons l'honneur
« de soumettre à vos délibérations a pour but de
« mettre fin à ce scandaleux état de choses, qui sub-
« stitue une féodalité nouvelle, la féodalité capitaliste
« à la féodalité terrienne et nobiliaire, détruite à la
« fin du siècle dernier. »

Le texte de cette proposition de loi était ainsi
conçu :

ARTICLE 1er. — Il est formellement interdit à tout patron ou employeur de se faire justice lui-même des dommages qu'il pourrait encourir du fait de ses ouvriers.

ARTICLE 2. — Dans aucun cas l'amende, qui est une
pénalité, ne pourra être prononcée par les patrons
collectifs ou individuels, contre les ouvriers.

ARTICLE 3. — Il est institué dans tous les centres
industriels une commission du travail composée en
nombre égal de délégués élus par les ouvriers des
diverses industries et par les employeurs.

ARTICLE 4. — Cette commission du travail aura
pour mandat de réviser les réglements d'atelier qui
jusqu'à présent sont l'expression exclusive de la volonté de l'une des parties.

ARTICLE 5. — Aucun règlement d'atelier ne pourra
intervenir sans avoir, au préalable, été soumis à

cette commission et accepté par elle après audition des ouvriers et des patrons intéressés, et consultés séparément.

Article 6. — Toute infraction à la présente loi sera punie d'une amende de 1000 à 3000 fr. En cas de récidive, l'amende pourra être doublée, et le délinquant condamné à un emprisonnement de 6 jours à trois mois.

Cette proposition fut renvoyée à la commission du travail. Elle fut l'objet d'un rapport de M. Bargy. Mais des votes contraires à ses conclusions contraignirent celui-ci à donner sa démission. Le nouveau rapport, œuvre de M. St. Romme, fut déposé le 6 juillet 1892. L'établissement d'un règlement d'atelier ne doit pas être rendu obligatoire, et l'ouvrier ne doit pas intervenir dans sa confection. Son intervention, pensait-il, aboutirait à ce résultat de diminuer la responsabilité du patron M. St. Romme estimait en effet que le règlement ne peut tenir lieu de contrat de travail, et ne doit prévoir que l'organisation de l'ordre intérieur dans l'usine et assurer son bon fonctionnement ; aussi cette conception trop étroite du règlement d'atelier l'amenait-elle à ne considérer comme nécessaires qu'une homologation du règlement et un délai d'un mois après l'affichage pour sa validité. Le rapport contenait encore des dispositions limitant au cinquième du salaire le montant des amendes encourues dans la même journée et réglementant les conditions d'admission et

de sortie et les conditions de paiement des salaires :
délais congés réciproques d'une semaine au minimum et de deux semaines au maximum ; résiliation
du contrat sans préavis dans des cas très graves ;
paiement au moins toutes les quinzaines, en monnaie
ayant cours légal et dans la fabrique ou le chantier ;
contestations sur l'application des règlements ou la
résiliation réciproque du contrat tranchées par le
conseil des Prud'hommes ou, à défaut, par le juge
de paix ; comme sanction pénale, amende de 16 à
200 fr. portée au double en cas de récidive.

Telles sont les grandes lignes de la proposition de
loi adoptée par la commission parlementaire et qui
fut discutée en séance le 4 novembre 1892.

Après un amendement présenté par M. Mesureur,
et retiré d'ailleurs, sur les observations du Président,
ayant pour but de bien faire spécifier que le patron
pouvait ne pas établir son règlement seul, mais d'accord
avec ses ouvriers ; après une intervention qui n'aboutit pas, de M. Julien Goujon trouvant que les mots
« de la fabrique, du magasin ou du chantier » ne
comprenaient point tous les établissements auxquels
devait s'appliquer la loi ; M. Dumay prit la parole
pour demander à la Chambre, d'accord sur ce point
avec M. Le Gavrian, député-patron, la suppression
des amendes. Elle se rallia à cet avis contraire à
celui de la commission ; mais, à part ce point, elle
ne fit plus à ce projet que des modifications de détail.
En conséquence, le texte suivant fut donc voté.

ARTICLE 1. — Tout patron pourra établir un règlement d'atelier sur l'organisation du travail, sur la police de la fabrique, du magasin ou du chantier, sur les conditions d'admission et de sortie, sur le paiement du salaire, en se conformant aux prescriptions suivantes :

ARTICLE 2. — Sont interdits d'une façon absolue tous articles de règlements instituant des retenues des salaires, soit sous le nom d'amendes. soit sous toute autre appellation.

ARTICLE 3. — Les déductions de solde pour le travail défecteux dit malfaçon ou détérioration de matières premières, ne doivent pas être considérées comme des amendes, mais comme des dommages et intérêts et sont, en cas de contestation, portées devant le Conseil des Prud'hommes ou, à son défaut, devant le juge de paix.

ARTICLE 4. — Les règlements d'atelier et les modifications qu'on pourrait y apporter doivent être soumis à l'homologation du Conseil des Prud'hommes où, à son défaut, du juge de paix du canton et resteront déposés au secrétariat du Conseil ou au greffe de la justice de paix ou ils auront été homologués. Ce règlement, une fois homologué, lie le patron et l'ouvrier.

Il doit être imprimé en gros caractères et affiché à un endroit de la fabrique où il soit en vue; il doit, en outre, être déposé au greffe de la justice de paix et remis à tout ouvrier qui en fera la demande.

L'homologation ne deviendra définitive qu'un mois après l'affichage dans l'usine.

Tous les règlements actuellement en vigueur devront être soumis aux mêmes formalités dans le délai d'un mois, à partir de la promulgation de la présente loi.

ARTICLE 5. — Le contrat intervenu entre le patron et l'ouvrier ne peut prendre fin qu'après l'expiration d'un délai, dit de prévenance, dont la durée sera conforme aux usages locaux, mais ne pourra être inférieure à une semaine.

Cette disposition du délai de congé ne s'applique pas aux travaux temporaires dont la durée est déterminée au moment de l'embauchage.

L'ouvrier qui travaille aux pièces doit, en tout cas, terminer la pièce commencée. Le congé ne peut être donné avant ce terme par le patron que si l'ouvrier s'est montré incapable de terminer le travail ou s'est rendu coupable d'une violation très grave du règlement de la fabrique. Il ne peut être donné par l'ouvrier que si le patron ne remplit pas ses obligations envers lui, s'il le traite d'une manière contraire à la loi ou au contrat, ou s'il tolère de la part de quelqu'autre, un traitement de ce genre.

Le tout sans préjudice de l'application de l'article 1780 du Code civil.

ARTICLE 6. — Les patrons sont tenus de régler leurs ouvriers au moins toutes les quinzaines, au comptant, en monnaie ayant cours légal, et dans la fabrique ou le chantier. Lorsqu'il n'y aura pas de règlement d'atelier ou lorsqu'il sera muet sur ce point, le paiement devra avoir lieu toutes les semaines.

Pour le travail aux pièces, les conditions de paiement jusqu'à l'achèvement de l'ouvrage seront fixées de gré à gré par les intéressés.

En cas de mise à pied d'une durée supérieure à trois jours, les salaires dûs à l'ouvrier devront être réglés immédiatement.

Il est interdit de faire sur le salaire des ouvriers une retenue quelconque, si cette retenue ne résulte pas d'une convention écrite entre l'ouvrier et le patron, sauf dans les cas prévus par l'article 3 de la présente loi. Le tout sans préjudice du droit des tiers.

ARTICLE 7. — Les contestations qui pourraient s'élever soit au sujet de l'application des règlements d'atelier, soit au sujet de la résiliation réciproque du contrat ou de tous autres points de ce contrat, lorsqu'il n'existera pas de règlements d'atelier, seront tranchées par le Conseil des Prud'hommes ou, s'il n'en existe pas, par le juge de paix, dans sa plus prochaine audience.

ARTICLE 8. — Sans préjudice de la responsabilité civile, toute contravention aux prescriptions de la présente loi sera portée devant le juge de paix jugeant en simple police et sera passible d'une amende de 15 francs. L'article 463 du Code pénal sera applicable.

Les dispositions du présent article ne sont pas applicables aux cas prévus à l'article 5,

ARTICLE 9. — La présente loi est applicable aux Colonies de la Guadeloupe, de la Martinique et de la Réunion.

Début au Sénat en 1894

Cette loi ne fut discutée au Sénat que le 24 avril 1894. M. Maxime Lecomte fut nommé rapporteur de la Commission sénatoriale. Il déposa deux rapports, le premier le 20 juillet 1893 et le second, dans lequel il étudiait les réponses des Chambres de commerce et des Conseils de Prud'hommes consultés par le gouvernement, le 17 mars 1894.

Loin d'admettre l'idée directrice de la proposition votée par la Chambre, il estimait qu'il n'y a pas lieu de suivre en cette matière l'exemple donné par les législations suisse et allemande, pensait que la question principale, celle qui doit avant tout préoccuper le législateur, c'est la question des amendes qui ne sont pas autre chose que la sanction donnée par le patron à son règlement.

« Ce système des amendes doit être autorisé, à
« une triple condition : que l'amende fût prévue par
« un règlement d'atelier dûment porté à la connais-
« sance des ouvriers ; qu'elle fût modérée ; que le
« produit en fût consacré aux besoins des ouvriers de
« l'atelier, spécialement attribué aux caisses de
« secours ».

Passant ensuite à la discussion de l'article 6 de la proposition de loi de la Chambre, M. Maxime Lecomte demandait, dans son rapport, que le paiement des salaires eût lieu par quinzaine ; car le paiement au mois condamnait l'ouvrier à faire l'avance, pendant trop longtemps, du produit de son travail au patron. Ce paiement de plus, devrait avoir lieu en espèces et dans un local privé afin de faire disparaître les abus du « truck-system » qui permet au patron ou à des agents avec lesquels il est en relations commerciales de reprendre à l'ouvrier une partie du salaire qu'il a reçu. Enfin le rapporteur se refusait à proposer un article spécial sur la juridiction ; déclarait s'en référer sur ce point au droit commun ; n'admettait pas la nécessité de l'homologation des règlements d'atelier par les Conseils de Prud'hommes.

« En résumé, écrivait-il, votre Commission jugeait « l'article 1er de la proposition inutile, parce qu'il « reconnaît au patron une faculté qui ne lui a jamais « été contestée ; d'autre part, elle n'acceptait pas la « nécessité de l'homologation par le Conseil des « Prud'hommes ou du juge de paix du règlement d'ate- « lier établi par le patron. Elle ne pensait pas qu'il « fallait ajouter au nouvel article 1780 des règles « déterminant le délai de prévenance. Enfin, elle ne « croyait nécessaire ni une sanction pénale, ni un « article relatif à la juridiction ».

Au Sénat, M. Maxime Lecomte insista particulièrement sur la question des amendes, dont il ne voulait pas admettre la suppression. Il y exposa les rai-

sons qui l'avaient déterminé à traiter les modes de
paiement du salaire et à repousser l'homologation
des règlements d'atelier par les Conseils de Prud'hommes et que nous avons vues dans son rapport.

« Les dispositions que nous vous proposons d'adop-
« ter, dit-il enfin, d'accord avec le gouvernement,
« ont toutes trait, comme vous venez de le voir, au
« paiement des salaires des ouvriers, et nous vous
« demandons par conséquent de vouloir bien intitu-
« ler la loi, non pas « loi sur le règlement d'atelier »,
« mais « loi sur le paiement des salaires des
« ouvriers ». La loi ne devrait porter le titre de loi
« sur les règlements d'atelier que si elle imposait
« aux patrons l'obligation de faire un règlement,
« comme cela existe en Suisse et en Allemagne.
« Cette obligation ne nous a pas paru d'accord avec
« les mœurs industrielles de notre pays, avec le
« caractère et le tempérament français. »

Ainsi se trouvait profondément modifiée la proposition de la Chambre des Députés, la question prenait
tout autre aspect. Le Sénat vota l'ensemble de la
proposition de sa Commission, malgré l'intervention
de M. Bérenger qui pensait que le projet n'avait ni
l'aspect, ni le caractère d'une loi ; qu'il n'en com-
prenait pas les sanctions ordinaires ; que ce n'étaient
que de simples prescriptions, de purs conseils et
qu'en conséquence le Sénat devait le rejeter. Voici
le texte voté par le Sénat :

ARTICLE 1er. — Les salaires des ouvriers doivent
être payés en monnaie métallique ou fiduciaire ayant

cours légal, nonobstant toute stipulation contraire, à peine de nullité.

ARTICLE 2. — Les salaires des ouvriers doivent être payé au moins deux fois par mois, à seize jours au plus d'intervalle, à moins de conventions écrites contraires. Pour le travail aux pièces, les conditions de paiement, jusqu'à l'achèvement de l'ouvrage, seront fixées de gré à gré par les intéressés.

ARTICLE 3. — Les paiements ne peuvent être faits que dans l'usine ou dans l'un de ses bureaux, et non dans les débits de boissons ou dans les magasins de vente au détail.

ARTICLE 4. — Dans le cas où un règlement d'atelier, déposé depuis un mois au moins au secrétariat du Conseil des Prud'hommes, ou, à défaut, au Greffe de la justice de paix et affiché dans les ateliers, prévoirait des retenues de salaires, soit sous le nom d'amendes, soit sous une autre dénomination, ces retenues pourront avoir lieu, mais le montant encouru pour une même journée ne pourra excéder le quart du montant du salaire de cette journée. Le produit de ces retenues ne pourra être employé que directement dans l'intérêt des ouvriers, notamment pour alimenter des caisses de secours et de prévoyance au profit des ouvriers de l'atelier. La déduction de salaire pour malfaçon ou toute autre cause devant entraîner la réparation d'un préjudice causé au patron ne tombe pas sous l'application des dispositions du présent article, et, s'il y a contestation, elle sera jugée suivant les règles du droit en matière de dommages-intérêts.

ARTICLE 5. — La présente loi est applicable aux Colonies de la Guadeloupe, de la Martinique et de la Réunion.

Proposition Groussier

Avant que cette proposition de loi ne fût discutée à la Chambre des députés, l'un d'eux, M. Groussier, déposa, le 28 mai 1892, une autre proposition de loi relative à la codification de toutes les lois et de tous les décrets, arrêtés et règlements concernant la condition des travailleurs. Certains articles touchent au règlement d'atelier ou aux clauses qu'il contient. Ainsi :

ARTICLE 27. — Les conditions insérées dans les règlements de travail n'auront d'effet que si elles ont été homologuées par le tribunal du travail ou, à son défaut, par le juge de paix du canton, et si l'employeur en a remis un exemplaire au travailleur qui devra lui en donner reçu.

Ces tribunaux de travail dont il s'agit remplacent donc les Conseils de Prud'hommes.

Signalons encore comme dispositions importantes celles relatives aux sanctions des règlements d'atelier ; la mise à pied et l'amende sont interdites, ainsi que la retenue sur les salaires représentant les marchandises ou fournitures livrées à l'ouvrier. Nous constatons également que la clause des règlements d'atelier qui règle l'organisation de travail ne peut établir des journées de plus de 8 heures, coupées par des repos dont la totalité ne doit pas être inférieure à 1 heure. Un salaire minimum est fixé par le Conseil supérieur du travail.

Proposition Zévaës

Le 4 novembre 1898, une autre proposition de loi sur les règlements d'atelier fut présentée par M. Zévaës et plusieurs de ses collègues. Elle avait pour but de supprimer la féodalité patronale et capitaliste, comme on avait supprimé la féodalité terrienne et nobiliaire. En voici le texte :

ARTICLE 1er. — Il est interdit à tout patron ou employeur de se faire justice lui-même des dommages qu'il pourrait encourir du fait de ses ouvriers ou employés.

ARTICLE 2. — Dans aucun cas, l'amende, qui est une pénalité, ne pourra être prononcée par les patrons, collectifs ou individuels, contre les ouvriers ou employés.

ARTICLE 3. — Il est institué, dans les centres industriels une Commission, dite du travail, composée en nombre égal de délégués élus par les ouvriers et employés des diverses industries et par les employeurs.

ARTICLE 4. — Cette Commission aura pour mandat de reviser les règlements d'atelier, d'usine, de magasin, qui, à cette heure, sont l'expression exclusive et abusive de la volonté de l'une des parties.

ARTICLE 5. — Aucun règlement ne pourra intervenir sans avoir, au préalable, été soumis à cette Commission et approuvé par elle après audition des employeurs et employés ou ouvriers intéressés et consultés séparément.

ARTICLE 6. — Toute infraction à la présente loi sera punie d'une amende de 100 à 3000 fr. En cas de récidive, l'amende pourra être doublée, et le délinquant pourra être en outre, condamné à un emprisonnement de 6 jours à 3 mois.

Débats à la Chambre des députés en 1898

La discussion à la Chambre du projet du Sénat eut lieu le 6 décembre 1898. Au début, un député socialiste, Renou, rappelant quelle fut l'origine de cette proposition, comment la question avait perdu de sa généralité, chercha à la ramener sur son terrain primitif et engagea la Chambre à reprendre la question entière des règlements d'atelier. En vain insista-t-il sur les clauses anormales, iniques de certains articles de certains règlements ; ses efforts n'aboutirent point ; la Chambre ne reprit pas son ancienne proposition votée en 1892. La Commission du travail avait adopté la loi modifiée dans sa rubrique et dans son texte par le Sénat ; elle fit de même et la restreignit au paiement des salaires des ouvriers.

« Il est bien entendu, Messieurs, dit M. Julien « Goujon, que nous n'aurons pas, quant à présent du « moins, à nous occuper des règlements d'atelier et « de la police privée des usines et des manufac'ures. « Nous n'aurons pas à rechercher dans quelles con- « ditions ces règlements peuvent être pris, s'ils « peuvent être l'œuvre du patron, comme corollaire « des responsabilités très lourdes qui pèsent sur lui, « ou s'ils doivent résulter de l'accord commun des « deux parties qui figurent au contrat du travail.

« Nous devons surtout nous abstenir de recher- « cher si ces règlements doivent être approuvés par « des Commissions spéciales, par les syndicats ou « les bourses du travail. Notre rôle est réduit. Nous « avons simplement à rechercher comment les salai- « res doivent être payés et dans quelles conditions « de temps et de lieu ils doivent l'être. Nous avons « également à trancher la question palpitante de « savoir si les patrons peuvent payer en nature, « directement ou indirectement, ou si nous ne « devons pas exiger — ce qui est ma pensée — que le « paiement des salaires soit fait exclusivement en « espèces métalliques. »

« Le rapporteur, M. Dubief, parla dans le même sens. « Le Sénat, ramenant à des proportions plus modes- « tes notre projet primitif, l'a réduit à une loi sur le « paiement des salaires des ouvriers. Nous l'avons « bien comprise, cette loi... Il s'agit de savoir où,

« quand et comment les salaires seront payés aux
« ouvriers. Nous avons accessoirement introduit
« dans cette loi une disposition destinée à mettre un
« terme à des abus très graves, constatés un peu
« par tout le monde et résultant de retenues, d'amen-
« des, de mises à pied dont les ouvriers se plaignaient
« vivement, dont ils sont trop souvent victimes. »

La Chambre se montra disposée à ratifier les conclusions de M. Dubief. Les dispositions qu'elle vota
furent les suivantes : les salaires des ouvriers et
employés devaient être payés en monnaie métallique
ou fiduciaire ayant cours légal, malgré toute stipulation contraire, à peine de nullité. Le paiement des
salaires devait avoir lieu au moins deux fois par
mois, à seize jours au plus d'intervalle, sauf conventions écrites contraires. Pour le travail aux pièces,
les conditions de paiement jusqu'à l'achèvement de
l'ouvrage devaient être fixées de gré à gré par les
intéressés. Chaque règlement d'atelier devait, pour
être applicable, avoir été déposé depuis un mois au
moins au secrétariat du Conseil des Prud'hommes ou,
à défaut, au greffe de la justice de paix et affiché bien
en vue dans les ateliers. Mais où la Chambre se
sépara du Sénat, ce fut sur la question des amendes.
M. Guillemin en combattit la suppression pure et
simple, défendue au contraire, comme en 1892, par
un député patron, M. Balsan. La Chambre se rallia à
l'avis de ce dernier. A une énorme majorité (364 voix
contre 110), elle supprima les amendes et aussi, par
314 voix contre 192, les mises à pied dont M. Balsan

demandait le maintien. Enfin, dans la séance du 8 décembre, la Chambre vota définitivement l'ensemble de la loi.

Rapport de M. Lecomte au Sénat

Au Sénat, M. Maxime Lecomte fut chargé à nouveau du rapport sur cette proposition de loi. Il engagea le Sénat à accepter le texte de la Chambre des Députés, sauf pour l'article 4 relatif aux amendes. En somme, le rapporteur proposait de reprendre les dispositions adoptées le 27 avril 1894. La discussion sur ce rapport n'a pas encore eu lieu.

CHAPITRE V

LA LÉGISLATION FUTURE

Dans l'exposé des motifs de sa proposition de loi sur le louage de services, renvoyée à la Commission du travail le 28 février 1900, M. P. Beauregard, député, s'exprime ainsi : « La plupart des procès entre employeurs et salariés proviennent d'un manque de clarté dans la fixation du contrat. Il nous a paru juste d'exiger que le patron se mît en mesure de prouver que les conditions du contrat ont été réellement portées à la connaissance de l'ouvrier.

Souvent même il arrive qu'un ouvrier est embauché sans que le taux de sa rémunération soit fixé au moment de l'embauchage. Une pareille situation ne doit pas se prolonger ; c'est au patron d'y mettre fin après un délai suffisant pour lui permettre de connaître les aptitudes de l'ouvrier engagé. S'il néglige de le faire, il est évidemment en faute et le juge doit en tenir compte dans la fixation du salaire. »

Ainsi non seulement les procès prennent naissance par suite de l'incertitude du contrat, mais
encore nous avons vu qu'ils sont jugés de façons
très différentes par les Conseils de Prud'hommes.
Dans bien des pays, les industriels ne veulent même
plus se présenter devant eux, estimant toute défense
inutile. Après leur condamnation ils vont en appeler
devant « leur » tribunal, le Tribunal de Commerce,
que l'ouvrier déclare souvent aussi partial contre
lui que son patron avait trouvé les Prud'hommes
partiaux contre lui-même. C'est cet état de choses
surtout qui nous semble devoir militer en faveur
d'une loi qui, sous certaines conditions, donnerait
une valeur certaine au règlement d'atelier et aux
clauses qu'il contient. La loi aurait d'ailleurs en
général cet autre avantage de fournir des indications
précises pour la constatation des conditions faites
aux ouvriers d'une région et d'une profession déterminée.

D'une façon générale, écrit M. Paul Louis, le pro-
blème du règlement d'atelier se ramène aux données
suivantes : l'employeur dont les prérogatives sont
déjà restreintes par les textes sur la limitation des
heures, sur l'hygiène et la sécurité, garde-t-il la
plénitude du pouvoir à condition qu'il respecte les
articles du droit commun, ou l'ingérence de l'Etat
poussera-t-elle plus avant, pesant même sur la discipline de chaque atelier ? Les économistes libéraux
se sont comme de juste élevés contre cette immix-
tion. A l'inverse, les interventionnistes disent que le

prolétaire n'est pas libre, qu'il est contraint de subir les exigences de celui qui lui fournit du travail et qu'il a droit par conséquent à la protection de l'Etat. En se tenant à égale distance d'un individualisme forcené et d'un interventionnisme excessif, il convient d'examiner les différentes clauses du règlement et de voir les solutions que la loi peut exiger.

Quelles seront les clauses obligatoires, les clauses facultatives, les clauses interdites et celles que la loi rédigera sans permettre au patron d'en aggraver les conditions pour l'ouvrier ? Rendra-t-on obligatoires la rédaction d'un règlement d'atelier et sa publicité? A quels établissements pourrait être imposée cette obligation?Conviendrait-il d'accorder à l'ouvrier une certaine intervention dans la confection du règlement? Y aurait-il une homologation du règlement par une Commission ou simple visa donné par l'autorité? Telles sont les questions qui se posent lorsqu'il s'agit de réaliser le double objectif de maintenir dans l'industrie l'autorité directrice associée à la responsabilité de l'entreprise elle-même et de donner au travailleur, dans la fixation du contrat de travail, des garanties suffisantes de liberté et de sécurité.

Titre I. — *Obligation du règlement*

Un contrat de travail implique nécessairement un règlement de travail, que celui-ci soit constaté par écrit ou non, qu'il soit plus ou moins défini, plus ou moins précis. Il n'est autre chose que l'ensemble des conditions du contrat. C'en est l'application et la mise en œuvre. C'est aussi une partie importante du règlement d'atelier tel que nous le comprenons. Il est clair que l'Etat n'a point à intervenir pour le rédiger et l'imposer. Mais il est naturel qu'il intervienne pour exiger qu'il en soit fait un, tout au moins dans certains établissements. Cela aurait le grand avantage, comme nous l'avons vu, d'éviter des difficultés à venir.

Pour la partie du règlement d'atelier qui est en dehors du contrat de travail, pour celle qui prescrit les mesures d'hygiène ou de sécurité à prendre en vue d'éviter les accidents, il ne saurait être contesté qu'il est nécessaire qu'elle soit rédigée et portée à la connaissance de ceux qui ont à les observer. Pourtant à cette question faut-il astreindre le patron à rédiger un règlement d'atelier ? beaucoup ont répondu que ce serait violer son droit d'agir comme il l'entend avec ses ouvriers.

La résistance sur ce point a été vivement exprimée par M. Georges Michel dans l'*Economiste français* du 2 juin 1894. « Voici qu'aujourd'hui on songe à codi-
« fier les règlements intérieurs des usines et à enser-
« rer les manufacturiers dans des règles entre les-
« quelles on entend les empêcher de se mouvoir ;
« jusque maintenant, tout industriel était libre de
« dresser pour ses ouvriers le règlement qui lui con-
« venait ; on ne lui demandait que de se conformer aux
« conventions générales d'administration publique re-
« latives au travail dans les manufactures, et personne

« n'avait d'observation à lui faire sur la manière dont
« il entendait réglementer son personnel. Les
« ouvriers, de leur côté, toujours libres d'entrer dans
« une usine ou de chercher du travail dans une manu-
« facture concurrente, connaissant toujours par
« avance le règlement qui les concernait, choisis-
« saient, de leur plein gré, celui qui leur convenait
« le mieux et prenaient l'engagement tacite de se
« conformer exactement à celui de l'usine dans
« laquelle ils se faisaient embaucher. En cas de con-
« testation, pourvu que le règlement eût été déposé
« au secrétariat-du Conseil des Prud'hommes, toute
« infraction était légalement tenue pour faute. C'est
« là, du reste, le seul moyen d'assurer la discipline
« dans une réunion d'hommes travaillant dans une
« direction déterminée. »

Il nous semble que ce plaidoyer contre l'intervention de la loi en la matière prouve surtout la nécessité
du règlement au point de vue disciplinaire. « Il y a,
écrit M. Bodeux [1], dans l'industrie, nécessité absolue
de définir exactement les droits et les devoirs de
chacun. Mieux les devoirs et les droits sont connus,
plus ils ont de chance d'être respectés. Mieux et plus
facilement les droits et les devoirs de chacun seront-ils
respectés, plus la paix dans les rapports du travail et
du capital sera assurée et plus la société trouvera de
tranquillité et de prospérité. » C'est aussi notre avis
et c'est pourquoi nous ne saurions accepter la manière
de voir de M. G. Michel. Les raisons en sont simples.

(1) Bodeux. — Etudes sur le Contrat de Travail.

Nous pouvons lui répondre d'abord qu'une loi sur les règlements d'atelier peut très bien exister sans codification des diverses clauses et sans enserrer les manufacturiers dans des règles qui ne leur laisseraient plus aucune liberté. Ces règles, ce seront eux qui les auraient établies et que l'ouvrier aurait acceptées. Sans doute dans bien des professions, dans la couture par exemple, l'organisation du travail ne peut être fixée d'une manière immuable, mais rien n'empêcherait le patron de se réserver la faculté de changer l'ordre des heures de travail dans les limites qu'il fixerait et qu'il peut très bien prévoir. Il ne faut pas d'ailleurs exagérer l'immuabilité des clauses du règlement d'atelier futur...

On peut répondre aussi à M. G. Michel que les ouvriers, d'ailleurs, ne sont pas aussi libres qu'il veut bien le dire de choisir l'établissement dans lequel ils veulent travailler et dont le règlement leur donne pleine satisfaction, et qu'il est incontestable que certains abus se sont produits.

En admettant même que l'ouvrier soit sur un pied d'égalité parfaite avec le patron pour régler les conditions du contrat de travail, il n'en reste pas moins vrai, comme nous l'avons vu, que c'est une grande erreur de croire que le règlement déposé au secrétariat du Conseil des Prud'hommes est toujours considéré comme ayant la valeur d'un contrat signé par les deux parties. La jurisprudence du Conseil des Prud'hommes en fait foi.

Dès lors, ne conviendrait-il pas d'assurer une valeur

juridique absolue aux conditions acceptées par l'ouvrier, lorsque, bien entendu, elles ne sont contraíres
ni à la loi ni à l'ordre public ? Ce but ne peut cependant être atteint que par une loi sur les règlements
d'atelier rendant obligatoire la rédaction d'un règlement. Si la loi laisse, en effet, sous ce rapport, toute
liberté aux chefs d'industrie, dès qu'on voudra toucher
au projet de règlement pour le rendre conforme à la loi
ou pour l'améliorer, les patrons, afin d'éviter ce qui à
leur sens sera tracasserie ou abus de pouvoir, se pas-
seront de tout règlement et abandonneront au hasard et
à leur propre bon vouloir l'organisation et les conditions du travail. C'est la sauvegarde de tout le système
du règlement : si on laisse une complète facilité aux
industriels, ils renonceront au règlement plutôt que
de supporter les difficultés auxquelles il peut donner
naissance. Ajoutons que, d'une manière générale, il
est un avantage de l'obligation, c'est que le règlement
servira, dans chaque cas, de monographie où viendront
se refléter la nature des rapports réciproques entre
employeurs et employés, le régime industriel et
l'application des lois.

Nous trouvons dans l'exposé des motifs de la
Gewerbe-Ordnung les raisons qui ont décidé le
législateur allemand à statuer sur la question. « Le
règlement de travail ou règlement de fabrique, dont
les principaux établissements industriels et les mieux
conduits ont déjà fait la règle, poursuit un double but.
Il expose, une fois pour toutes, les conditions que le
patron impose à l'ouvrier cherchant de la besogne et

auxquelles ce dernier se soumet en prenant l'ouvrage.
Il rend aussi plus facile l'acceptation du contrat du
travail par chaque ouvrier. En outre, il expose les
prescriptions qui doivent servir à assurer la direction
technique et économique de l'usine et il assure leur
observation au moyen d'amendes que l'ouvrier admet
en souscrivant aux conditions du travail. L'exigence
légale de l'établissement d'un règlement de travail
trouve sa justification dans la considération qu'un exposé clair et précis des conditions du contrat de travail,
d'après lequel exposé l'ouvrier peut déterminer, pour
chaque moment, ses droits et ses devoirs, écarte de
nombreuses difficultés qui naissent, comme l'expé-
rience le montre, des lacunes et des obscurités du
contrat de travail ; ainsi le règlement est favorable
et utile au maintien des bons rapports entre le donneur
et le preneur d'ouvrage. »

« Si même après ces constatations, écrit M. Bodeux,
on objecte que l'obligation est inutile, dangereuse
ou funeste dans certains cas, on ne reculera pas
devant quelques désavantages particuliers en com-
paraison du bien général ». Quant à nous, nous
estimons que cette remarque est inutile, et que, dans
aucun cas, l'obligation d'un règlement ne saurait
gêner un industriel, pourvu, cela est évident, qu'une
certaine liberté lui soit laissée dans la rédaction.
C'est du reste ce que nous constaterons lorsque nous
examinerons les diverses clauses qu'il contiendra.
Demandez à un patron qui n'a rédigé aucun règlement d'atelier comment se règle tel ou tel détail ; il

vous répondra invariablement qu'il agit toujours au
mieux des intérèts des ouvriers, qu'il cherche toujours à éviter toute discussion mème dans le cas où
l'ouvrier est manifestement dans son tort. Et ceci
peut ètre exact, surtout dans les grandes maisons.
Mais alors on ne voit pas pourquoi ce patron se refu-
serait à établir d'une façon claire et précise ces règles
qu'il applique toujours, dit-il, et qui ont pu déterminer
un ouvrier ou une ouvrière à entrer chez lui. Il faut
remarquer d'ailleurs, — car le patron peut répondre
qu'il agit ainsi mais qu'il ne veut pas s'engager à le
faire dans tous les cas — qu'il peut très nettement
spécifier dans son règlement qu'il se réserve d'appliquer des mesures plus sévères pourvu qu'il les indique. C'est mème l'intérèt du patron qui évite ainsi
toute discussion éventuelle avec l'ouvrier et qui peut
clairement indiquer par là à celui qui vient solliciter
chez lui de l'ouvrage, tous les avantages qu'il lui fait.

Ainsi il y va de l'intérèt des deux parties, puisqu'il
ne s'agit nullement d'astreindre l'industrie à adopter
un règlement stéréotypé. Néanmoins certains ont
allégué, contre le principe de l'obligation, le danger
des grèves lors de l'affichage d'un projet ou d'une
modification.

Mais ne croit-on pas que les ordres du patron, dès
qu'ils arriveront à la connaissance des ouvriers, par
quelque mode que ce soit, provoqueront ces grèves
et qu'en réalité la question de règlement n'est ici
nullement en jeu ? Et si mème des ordres nouveaux
et hostiles, peu connus à l'origine, s'implantent lente-

ment dans la pratique, n'y aura-t-il pas des colères sourdes, des haines cachées qui s'accumuleront jusqu'à ce qu'enfin elles éclatent au grand jour? Et ne vaut-il pas mieux arrêter ces conflits dès l'origine?

Enfin, disent les adversaires de l'obligation de la rédaction d'un règlement d'atelier, l'usage par son ancienneté même inspire un respect qu'il serait chimérique d'espérer pour un règlement écrit. Ce dernier, qui serait non pas l'œuvre du temps, mais l'œuvre d'un jour ou d'un homme, ou bien consacrerait l'usage et alors ce serait une superfétation, ou bien y dérogerait, ce qui ne serait pas sans froisser de justes susceptibilités. La réfutation d'un pareil raisonnement nous semble presque inutile. Disons simplement que l'usage n'est pas aussi fixé, aussi clair qu'on veut bien le dire et que, le fût-il, il ne suffirait pas. Bien des règles intérieures d'une usine ne sauraient être déterminées par l'usage. D'ailleurs si l'usage est, dans les circonstances présentes, tellement parfait, inspire une telle vénération, dresser le code complet de ces coutumes admirables ne sera pas leur porter atteinte, mais leur donner une consécration nouvelle. Et si l'une ou l'autre de ces coutumes manquait de la précision et de la beauté qui sont l'apanage des autres, ce serait précisément l'occasion de la mettre au niveau général [1].

Aussi croyons-nous utile d'obtenir, par une loi, que l'on s'exprime formellement, avec précision, sur certains points déterminés, en conservant à chacun la

---

[1] Bodeux. — Etudes sur le contrat de travail.

liberté de se prononcer dans un sens ou dans un autre, sous la seule condition d'observer la loi et l'équité. Cette manière juste de comprendre l'obligation écarte par elle-même l'objection de contrariété à la spécialité de chaque industrie, de chaque travail. Le principe de l'obligation a, du reste, été admis par de nombreuses législations étrangères.

En résumé, les inconvénients pour l'industrie n'existent pas. Bien plus, l'obligation a le grand avantage de permettre de se rendre un compte exact de la situation faite aux ouvriers dans les différentes industries, et de faciliter aux inspecteurs du travail l'accomplissement de leur tâche.

Etablissements soumis.

Si les avis sont contradictoires sur la question de l'obligation d'avoir un règlement intérieur, on est également loin de s'accorder lorsqu'il s'agit de déterminer l'étendue du principe de l'obligation. Quels seront les établissements qui y seront soumis ? Pour répondre à cette question, il est nécessaire de rechercher d'abord pour quels genres d'industries les règlements d'ateliers sont possibles, et ensuite, dans chaque espèce, quelle importance doit avoir l'établissement pour qu'il y ait nécessité de le soumettre à cette obligation. Voyons d'abord le premier point.

Le règlement d'atelier suit les lois d'intervention ; là où il y a des abus à corriger, des rapports à régler, là aussi il y a nécessité d'une forme apparente, publique et générale de convention, c'est-à-dire de règlement. Il faut cependant ici procéder avec soin, prévoyance, admettre des exceptions. Si l'on ne veut pas rester dans le vague, établir des prescriptions trop générales, si l'on veut un peu de précision, il est de toute évidence, pour ne pas édicter des mesures impossibles ou simplement ne pas entraver l'industrie, qu'il est nécessaire de se limiter, quoique le principe général qui motive le règlement de travail s'applique dans tous les cas *à priori*.

Une branche de l'activité nationale doit tout d'abord être mise à part. Tous les pays se sont en effet trouvés d'accord pour ne pas étendre l'obligation aux entreprises agricoles. Elles se trouvent dans une situation trop spéciale pour que les mêmes règles puissent leur être appliquées. Il est difficile de bien préciser la mesure dans laquelle le règlement écrit des conventions des parties peut être réclamé. Pour la grande majorité des ouvriers agricoles, le contrat qui les lie à l'employeur est tout différent de celui des ouvriers industriels. Ceci est d'évidence.

Il faut écarter également les industries purement familiales. Ces ateliers où ne sont employés que les membres de la famille sous l'autorité soit du père, soit de la mère, soit du tuteur, échappent presque complètement à l'action de l'inspecteur du travail. Pour elles, il serait dangereux et maladroit d'imposer un règlement dont la stricte observation ne saurait être complètement assurée et qui aurait le grand inconvénient d'introduire des règles rigides pour des rapports qui ont surtout besoin de souplesse.

D'ailleurs, cette catégorie compte très peu d'espèces, et il n'y a pas grand mal à la mettre hors cause.

Quant aux industries que l'on peut appeler ménagères, c'est-à-dire celles où patrons et ouvriers vivent et travaillent sous le même toit et mangent à la même table, il y a autant d'utilité qu'ailleurs, si ce n'est pas plus, à ce que les diverses clauses de la convention soient nettement prévues et réglées. Mais il nous semble qu'une distinction est ici nécessaire.

Des exemples de ces industries peuvent être trouvés dans les industries agricoles ou annexes des agricoles, et là tout ce que l'on pourrait souhaiter serait de voir écrit le contrat qui lie l'employeur à l'employé ; mais on ne peut songer à exiger un règlement d'atelier pour toutes. Cela nous amène à abandonner cette classification et à distinguer simplement les entreprises à local déterminé des entreprises extérieures, en plein air. Nous pouvons donc conclure à la nécessité d'ordonner un règlement pour éviter des difficultés dans toute usine, manufacture ou atelier. Pour les entreprises extérieures, au contraire, où le patron occupe ses ouvriers chez des particuliers, en dehors de chez lui dans des endroits différents selon les besoins des clients, les diverses clauses que peut contenir un règlement nous semblent ne pouvoir être appliquées. Certaines, celles relatives aux amendes, aux délais-congés par exemple, peuvent trouver leur application ; mais, d'une manière générale, le règlement d'atelier ne saurait y exister.

Le simulacre que l'on pourrait en faire serait trop vague et ne pourrait être suivi.

Il en est ainsi pour tous les chantiers; l'embauchage, le débauchage, les heures de travail, tout y est trop différent de ce qui régit l'ouvrier des textiles, par exemple, pour que les mêmes règles soient applicables. Les usages y sont assez larges, employeurs et employés ont une trop grande indépendance les uns vis-à-vis des autres pour qu'un règlement soit nécessaire. Seules les règles de la loi, qui seraient plutôt des règles protectrices du salaire, pourraient trouver leur application. Et encore semble-t-il qu'elles ne soient pas le vœu principal de ces ouvriers.

Mais une question se pose : conviendrait-il d'étendre la loi aux entreprises commerciales ? Depuis des années, les employés de commerce demandent à être admis au bénéfice des lois qui protègent les travailleurs de l'industrie.

« On peut s'étonner, écrit M. Jay, qu'il n'ait pas encore été donné satisfaction à leurs vœux.

« La réalité des abus dont souffrent certains employés de commerce n'est guère contestable.

« Déjà, dans le rapport qu'il présentait, le 13 décembre 1887, à la Chambre des Députés, M. Richard Waddington exprimait le regret que la loi de 1874 laissât en dehors de son action « les boutiques, les magasins où la fabrication et le travail se confondent avec la vente et le commerce ». C'est, disait-il, précisément dans ces ateliers d'un caractère mixte que se produisent les plus gros abus; le séjour prolongé dans un magasin, dans une pièce attenant à la boutique et servant d'atelier de confection est infiniment plus nuisible à la santé des jeunes employés que le travail dans les usines de la grande industrie; l'espace trop restreint, l'aération, la plupart du temps défectueuse et souvent vicieuse, les veillées excessives, dans un milieu malsain, entraînent pour la santé des conséquences désastreuses. »

Il faut donc reconnaître que les employés de commerce ont également besoin d'être protégés. Mais s'en suit-il que la loi sur les règlements d'atelier devra leur être étendue? La partie consacrée aux règles à établir en vue d'assurer la sécurité des ouvriers n'existe pas ici; quant aux conditions du contrat de travail, elles sont, il nous semble, en général plus connues d'eux. Dans tous les cas, la loi ne devrait exiger la rédaction d'un règlement que dans les magasins d'une certaine importance.

Voyons maintenant quel doit être le nombre des ouvriers d'un établissement pour qu'il soit soumis à l'obligation d'un règlement. Les législations autrichienne et allemande ne déclarent obligatoire un règlement d'atelier que pour les établissements qui occupent au moins 20 ouvriers. M. Migerka, le grand inspecteur central d'Autriche, estime que ce minimum n'est pas trop faible. « Il faut considérer, dit-il, les peines, les frais qui sont occasionnés par une chose paraissant aussi simple qu'un règlement d'atelier. Les relations avec un nombre restreint d'ouvriers, en dessous de 20, n'ont pas, au moins dans la plupart des cas, besoin d'être préméditées et réglées soigneusement par écrit. » Mais il n'en était pas moins obligé de reconnaître que des établissements occupant un chiffre de travailleurs inférieur à 20, commençaient à introduire des règlements chez eux, et ce qui lui semblait être un obstacle à l'extension de l'obligation c'étaient les difficultés qu'entraîneraient l'exécution et la surveillance. La législation suisse, d'ailleurs, s'est montrée plus hardie, puisqu'elle soumet à l'obligation toutes les exploitations de plus de 5 ouvriers et employant un moteur mécanique, ou occupant des personnes âgées de moins de 18 ans, ou présentant des dangers particuliers, et celles occupant plus de 10 ouvriers et ne présentant aucune de ces trois circonstances. Dans certains autres cas, des exploitations ayant un nombre moindre d'ouvriers peuvent encore être soumises à l'obligation. Cette classification, assez compliquée et très élargie, fut adoptée à la suite des nombreux abus révélés par les enquêtes surtout dans la petite industrie féminine.

Faut-il cependant aller à l'extrême et englober toute la petite industrie sans exception ?

Si l'on devait établir la statistique des abus, c'est là, dit-on, que leur nombre serait le plus élevé. Puisqu'il s'agit surtout de faire préciser les conditions du contrat de travail, on ne voit pas bien *à priori* pourquoi on ferait dépendre cette obligation du nombre d'ouvriers occupés. Le droit de chacun d'eux à avoir une situation bien définie ne doit pas dépendre du nombre de ceux qui travaillent avec lui. Sans doute, mais il faut tenir compte de la réalité des faits. Là où il n'y a que deux ou trois ouvriers, on ne voit plus la nécessité d'obliger le patron à la rédaction d'un règlement ; car là, patrons et ouvriers se trouvent moins éloignés l'un de l'autre que dans la grande industrie ; ils vivent sensiblement de la même vie et tombent plus vite d'accord sur leurs droits et leurs devoirs. Et ce sont en général des ateliers que les exigences de la consommation font se multiplier ; dans ces branches d'industrie (serrurerie par exemple), l'ouvrier se trouve placé plus que celui de la grande industrie sur un pied d'égalité pour discuter avec celui qui lui offre du travail. Nous ne nous heurtons plus ici à l'impossibilité des stipulations spéciales pour chaque ouvrier. Aussi n'y aurait-il rien d'impossible à ce que certaines clauses du règlement soient différentes suivant les ouvriers. Voilà pourquoi, là où il n'y a pas de moteur mécanique, la limite de dix ouvriers tenant le milieu entre les chiffres de la loi belge et de la loi allemande, nous semble devoir mieux répondre aux besoins et aux exigences de l'industrie.

Peut-être même faudrait-il dispenser de l'obligation d'avoir un règlement certaines industries même au cas, assez rare d'ailleurs, où l'établissement aurait plus du minimum d'ouvriers. Il en est ainsi dans les petites villes pour la serrurerie, l'ameublement, etc., où les ouvriers travaillent la plupart du temps au dehors. Il semble douteux que toutes les clauses d'un règlement d'atelier aient besoin d'y être rédigées.

Titre II. — *Rédaction du Règlement d'atelier*

Que contiendra ce règlement d'atelier? Question vaste et complexe. Le règlement devra contenir et les conditions du contrat de travail et les règles de discipline intérieure, les mesures de sécurité que prend le patron. Nous allons examiner les diverses clauses qui se retrouvent en général dans les règlements d'atelier là où ils existent ou que les lois étrangères ont déclarées obligatoires. Elles peuvent se ranger sous les 4 chefs prévus par la loi suisse : organisation du travail ; police de la fabrique; conditions d'admission et de sortie; paiement des salaires.

Organisation du travail. — L'importance de cette disposition se conçoit aisément. Elle est tout autant dans l'intérêt du patron que dans l'intérêt de l'ouvrier. Une bonne industrie a besoin de précision et de régularité. Comment mieux l'atteindre que par le règlement? L'ouvrier a aussi le plus grand avantage à connaître d'une manière certaine l'heure à laquelle commence et à laquelle finit son labeur journalier et à n'avoir à craindre ni à subir aucune surprise de ce chef. Cette disposition a l'avantage de permettre de trouver au règlement d'atelier la preuve de l'observation des dispositions légales sur la durée de la journée de travail. Et les statistiques sociales trouvent aussi dans ces tables toutes dressées des élé-

ments précis de calcul. Mais il est nécessaire que
l'horaire soit fixé d'une façon précise et il faut considérer comme absolument insuffisant la simple détermination de la durée totale ou une fixation imprécise comme celle disant que l'on prendra la besogne
entre 6 ou 7 heures du matin pour la quitter entre
6 ou 7 heures du soir. Il faut que les intervalles de
repos soient de même nettement désignés. C'est ce
qu'a exigé le législateur allemand. Toutefois, il n'a
pas voulu l'impossible et lorsqu'on se trouve en présence d'industries dont les travaux sont de leur
nature en dépendance complète de la température
ou d'autres besognes principales, l'exigence se trans-
forme et se résout en la détermination d'une durée
normale.

La difficulté d'obéir à cette prescription, comme à
d'autres du reste, est une des raisons qui nous font
exclure de la loi les entreprises agricoles, celles où
tout le personnel est appelé à fournir au dehors un
travail d'une durée excessivement variable et qui
n'est pas susceptible d'être prévue. Dans certaines
autres industries, dans la couture par exemple, la
journée normale peut et doit être fixée, mais des
moments se présentent généralement où, par suite
de fortes commandes pressées, le patron a besoin de
retenir ses ouvriers ou ouvrières au delà de l'heure
habituelle. L'obligation du règlement ne saurait
cependant le gêner. Rien ne s'oppose à ce qu'il
insère dans son règlement une clause qui lui per-
mette, en cas de presse, de demander une, deux et

même trois heures supplémentaires, pourvu bien entendu qu'il reste dans les limites fixées par la loi ou permises par l'inspecteur du travail.

L'obligation de cette clause ne peut soulever de très grandes objections.

La loi du 2 novembre 1892, sur le travail des enfants et des femmes dans l'industrie, oblige les chefs d'industrie à afficher dans leurs ateliers les heures auxquelles commencera et finira le travail, les heures et la durée des repos, le jour adopté pour le repos hebdomadaire.

Les jours de chômage également devraient être déterminés. Mais faudrait-il aller plus loin ? Pour la loi de 1892, aucune disposition légale ne punit le défaut de concordance entre le tableau affiché et le travail effectif; la jurisprudence de la Cour de Cassation ne considère pas comme une contravention, le fait de ne pas suivre les heures de travail et de repos indiquées par le tableau. Il est alors assez difficile aux inspecteurs du travail de dresser procès-verbal pour emploi de femmes ou d'enfants au delà du temps légal.

Aussi M. Georges Trouillot, Ministre du Commerce et de l'Industrie déposa-t-il récemment, le 15 juin 1904, sur le bureau de la Chambre des députés un projet de loi relatif à ce contrôle de la durée du travail dans les établissements industriels.

D'après ce projet tous les chefs d'entreprises seraient tenus d'afficher un horaire général fixant d'une manière uniforme pour chaque catégorie d'employés les heures de travail et de repos, telles qu'elles résultent tant de la loi que des dérogations légales dûment autorisées.

A côté de ce tableau général, pourraient être établis des horaires nominatifs indiquant, dans les limites de durée fixées par la loi, les heures spéciales de travail et de repos des ouvriers et ouvrières qui doivent être exceptés de l'horaire général.

Un duplicata de l'horaire général et des autres affiches serait envoyé à l'inspecteur départemental du travail avant leur mise en service.

La loi projetée disposait en outre que tout travailleur occupé en dehors des heures fixées par les affiches d'horaire est de « plein droit » considéré comme employé en violation des dispositions de la loi.

La Commission supérieure de travail et la commission de codification des lois ouvrières désiraient voir établir cette sanction pénale.

Cela prouve l'intérêt qu'il y a à ce qu'un horaire précis soit établi. Nous ne sommes pourtant pas pleinement persuadé qu'il soit nécessaire qu'un industriel soit déclaré de plano en faute s'il ne s'est pas conformé exactement à l'horaire affiché par lui.

Là où l'entreprise le comporte on devrait indiquer aussi les heures de nettoyage des machines et des ateliers.

Police de la fabrique

La police de la fabrique doit également faire l'objet de dispositions particulières. Il est de toute nécessité que l'ouvrier soit fixé sur les droits et les

devoirs des surveillants et contre-maîtres. Cette disposition est utile pour la bonne marche de l'usine
et la tranquillité des rapports entre employeurs et
employés. La tâche si délicate et qui donne si souvent lieu à tant de critiques du contre-maître s'en
trouverait d'autant facilitée.

Mais conviendrait-il de laisser toute liberté au
patron pour arrêter les pouvoirs qu'il lui plait de
donner au contre-maître ? En général, les industriels
estiment que cela est de toute nécessité. Est-il juste
que le contre-maître puisse dans tous les cas remplacer le patron ? Nous ne le pensons pas. Au point de
vue des amendes par exemple, que nous considérons
comme une clause pénale, elles ne devraient pouvoir
être exigées de l'ouvrier qu'après que son patron,
celui avec lequel cette clause pénale a été conclue,
en aura eu connaissance et l'aura ratifiée. Et pour
les renvois, nous estimons qu'il est nécessaire d'exiger qu'ils aient été acceptés par le patron au moins
lorsque cela est possible.

Le renvoi par le contre-maître ne pourrait être
permis que là où responsable du travail des ouvriers
c'est lui qui les embauche. Il en est ainsi dans les
ateliers des grands couturiers où les premières ont
toute liberté vis-à-vis du personnel sous leurs ordres
qu'elles embauchent, débauchent, réduisent ou aug-
mentent à leur volonté. C'est qu'elles sont responsa-
bles de leur productivité vis-à-vis du patron. Il y a
là une sorte d'entreprise, de marchandage.

Dans les manufactures de l'Etat, le directeur et

l'ingénieur ont seuls qualité pour prononcer une punition. L'ingénieur ne peut prononcer une mise à pied de plus de 3 jours sans en référer au directeur. Les surveillants et chefs de section qui ont constaté une infraction se bornent à signaler les faits. L'ingénieur prononce. ou si la faute lui paraît comporter une punition sévère. il soumet. la question au Conseil.

Les obligations des ouvriers en vue du maintien de l'ordre et de la décence dans la fabrique, doivent faire également l'objet de dispositions spéciales.

Conditions d'admission et de sortie

Enfin les conditions d'admission et de sortie, d'embauchage et de débauchage doivent être très soigneusement spécifiées.

Un grand nombre des affaires soumises à la juridiction des Prud'hommes viennent de ce que l'ouvrier n'accepte pas les conditions fixées par le patron, qu'elles soient insérées dans un règlement d'atelier ou qu'elles ne soient déterminées que par l'usage de la maison. La loi donc en donnant une valeur certaine au règlement d'atelier ferait disparaître une foule de procès dont les solutions, nous l'avons vu, sont par trop variables.

Est-ce à dire que sous le rapport de débauchage notamment, la loi devrait fixer des limites à la liberté du patron. Nous ne le croyons pas. Le délai-congé fixé par l'usage varie dans de trop grandes proportions, non seulement suivant les régions et les industries, mais encore dans chaque industrie suivant la spécialité de l'ouvrier. Nul dans le bâtiment, à Paris, il est d'une huitaine pour la métallurgie en général ; ailleurs il est d'une quinzaine ou même d'un mois. Dans les magasins de mode ou de couture, les délais-congés sont en général d'une huitaine, sauf pour les premières qui ont droit à un mois de préavis. La loi qui ne pourrait faire la distinction des industries ne pourrait pratiquement fixer différents délais-congés.

Nous ne voyons pas d'ailleurs quelle en serait l'utilité. On doit s'en rapporter sous ce rapport à l'usage créé par la volonté des deux parties. C'est un fait du reste que beaucoup d'ouvriers désireraient voir abolir tout délai de préavis. Cette opinion est surtout répandue parmi ceux qui sont spécialisés et qui ont dû faire un apprentissage sérieux. Ils n'ont pas à craindre, en effet, un chômage prolongé. et voudraient pouvoir saisir les occasions de travail plus avantageuses qui s'offrent à eux. L'ouvrier capable trouve vite une autre place. Que l'on suive, en effet, un peu attentivement les procès des prud'hommes et l'on s'apercevra bien vite que ce sont toujours les mêmes ouvriers qui assignent leur patron devant cette juridiction pour brusque renvoi ; et ce sont naturellement les moins bons, ceux qui ne peuvent se fixer nulle part.

Aussi y aurait-il tout intérêt à ce que les causes de brusque renvoi soient nettement déterminées. Que l'ouvrier sache qu'une fois insérée dans le règlement, il n'a aucun recours contre cette clause qui

n'a rien d'illégal et qui a été approuvée par une
Commission ou assemblée, par une autorité supérieure. Les mêmes raisons qui nous font repousser
toute fixation de délai-congé par la loi, nous font
repousser toute détermination législative et limita-
tive des différents cas de rupture du contrat de
travail.

Paiement des salaires. — Enfin le paiement des
salaires doit faire l'objet de diverses cl..ses du
règlement d'atelier. Différentes législations étrangères considèrent cette clause comme obligatoire.
Elles ont même établi certaines défenses, principalement en ce qui concerne les amendes et retenues
de salaire.

Disons simplement que le texte adopté par le
Sénat, en 1894, pourrait être repris. Il est de toute
nécessité que l'ouvrier sache d'une façon précise
non seulement s'il est rétribué à l'heure, à la journée, à la tâche ou à l'entreprise, mais surtout quel
sera le mode de mesurage et de contrôle. Quand le
travail est payé aux pièces, bien des discussions ont
lieu, en effet, pour l'appréciation. Mieux fixées par
le règlement d'atelier, les règles employées seront
mieux connues de l'ouvrier qui veut entrer à l'usine
et qui, par suite de l'obligation de cette clause,
pourra en fait mieux faire écouter son avis pour leur
détermination.

Il ne suffit pas d'ailleurs d'obliger le patron à préciser ce qu'il exige de ses ouvriers ; il faut encore
lui interdire certaines combinaisons qui pourraient

lui permettre de reprendre d'une main ce qu'il donne de l'autre. Il y a là des mesures à prendre pour la protection du salaire de l'ouvrier et qu'ont prises un grand nombre de pays étrangers. Sans vouloir les étudier d'une façon approfondie, ce qui sortirait du cadre de notre sujet, il nous faut constater qu'il est nécessaire d'interdire, au point de vue du mode de paiement, toute clause de règlement qui aurait pour but d'établir le paiement en nature aux lieu et place de paiement en monnaie métallique ayant cours légal.

Il serait de même interdit d'effectuer la paye dans les tavernes, cabarets et débits de bière. L'époque devrait être indiquée dans le règlement d'atelier. La Russie qui ne l'a pas ordonnée, a voulu qu'elle fût indiquée au livret de compte.

Il nous semble même qu'un ouvrier renvoyé devrait avoir droit de toucher son salaire, nonobstant toute clause contraire, le jour même ou le lendemain du jour de son renvoi. A dater de ce jour, le contrat de travail étant rompu, le patron ne devrait pas obliger l'ouvrier qui peut avoir trouvé du travail, dans une autre ville, à revenir à une date fixée par le patron, faire arrêter son compte, toucher son salaire et s'exposer peut-être, de ce fait, à perdre l'emploi qu'il s'est procuré.

Il importe également que l'ouvrier puisse s'approvisionner où bon lui semble et qu'une clause ne vienne pas lui retirer cette liberté d'achat.

D'autres mesures pourraient encore être prises en

vue de protéger le salaire de l'ouvrier ; mais ce n'est
pas ici le lieu de les examiner.

Disons simplement qu'il y aurait lieu de s'occuper des retenues pour malfaçon et de la vérification
du travail aux pièces. Jusqu'à présent, on n'a guère
songé à enrayer ce genre d'abus que par le contrôle, la vérification de l'ouvrage livré, soit par les
ouvriers eux-mêmes, soit par un délégué.

En Angleterre, par exemple, la loi de 1860 autorise
les ouvriers mineurs à payer un contrôleur appelé
checkweigher. Celui-ci s'occupe de la qualité et de
la quantité. La loi déclarant que le salaire aura pour
base le poids, il n'a qu'à surveiller les pesées et
contrôler les retenues pour mauvaise qualité. En cas
de différend, un arbitre, choisi de concert, tranche la
question.

En Belgique, la loi déclare « nonobstant toute
convention contraire, que l'ouvrier a toujours le droit
de contrôler les mesurages, pesées ou toutes autres
opérations quelconques qui ont pour but de déterminer la quantité ou la qualité d'ouvrage par lui
fournie et aussi de fixer le montant du salaire ».

En France, la législation est muette sur ce point
comme sur tant d'autres. Le Conseil des Prud'hommes de Lyon a seulement inscrit dans l'article 16 du
règlement de ses usages : « quelque défectueuse que
soit la fabrication d'une étoffe, le fabricant ne peut
en réduire la façon de plus de la moitié. »

Jusqu'à présent les clauses du règlement que
nous avons étudiées font plutôt partie des conditions

du contrat de travail; elles sont censées avoir été discutées par l'ouvrier. Il nous faut maintenant examiner ce que devrait contenir la seconde partie du règlement d'atelier. Là le patron n'a pas à se mettre d'accord avec l'ouvrier. Responsable des accidents qui peuvent survenir, il lui impose certaines obligations, il commande. Et faute par l'ouvrier d'avoir obéi, il ne peut plus se retourner en dommages-intérêts envers lui pour le préjudice que peut lui avoir causé l'inobservation de ces règles, qui ont mis à couvert la responsabilité du patron.

Mais il est des règles particulières qu'il serait utile d'insérer dans le règlement d'atelier. Elles y sont parfois, mais souvent mal observées, étant donné le peu d'importance que l'on accorde au règlement d'atelier. Telle est la clause qui interdit de replacer sur les outils en marche les courroies tombées, à moins d'autorisation spéciale du contre-maître. Telle est encore la clause qui oblige les ouvriers à se munir de lunettes lorsqu'ils veulent se servir de la pierre à repasser. Bref, il faudrait indiquer les règles spéciales adoptées en vue d'assurer la salubrité, la sécurité, la moralité et les convenances, selon le texte belge. Pour les industries qui exposent particulièrement les ouvriers à certains accidents, les législateurs belge et autrichien ont, avec raison, ordonné au patron d'indiquer dans son règlement d'atelier les premiers soins à donner aux ouvriers en cas d'accident.

TITRE III. — *Publicité du Règlement d'atelier*

Il ne suffit pas que le règlement d'atelier soit complet, il faut évidemment qu'il soit porté à la connaissance des ouvriers, que ceux-ci aient le temps et les moyens de le connaître parfaitement dans tous ses détails et non pas seulement d'une manière vague et imprécise. Il est vrai que si, actuellement, l'ouvrier ne le connaît pas mieux, cela tient bien moins souvent aux difficultés qu'il peut avoir pour l'apprendre qu'au peu d'importance qu'il y attache. Le plus souvent, en effet, il ne le lit même pas. Parfois, à son entrée on se contente de lui en donner lecture rapidement; alors il le comprend plus ou moins. Il est rare qu'après en avoir pris connaissance, même après avoir demandé un supplément d'explications, il soit sollicité par le patron d'apposer sa signature en bas du règlement, qui devient, par ce fait, une sorte de contrat dont la valeur devant les Prud'hommes devient plus certaine. Mais cette forme de publicité, la signature, est très rare, et n'a lieu en général que dans les maisons qui occupent un personnel peu nombreux et assez stable. Le patron emploie cette forme (la signature en bas du règlement entier ou même simplement, sur un registre, en face d'une clause du contrat particulier), dans l'espérance de faire accepter par les Prud'hommes une condition soit excessive, soit contraire aux usages et qu'ils se refusaient toujours à sanctionner. Même dans ce cas pourtant, bien souvent les Prud'hommes ne se déju-

gent point ; cela a lieu notamment lorsque le patron
veut supprimer ou diminuer le délai–congé.

Le moyen que le patron emploie le plus généralement pour porter son règlement intérieur à
la connaissance de ses ouvriers est l'affichage.
Malheureusement trop souvent, ou l'affichage a lieu
trop haut, ou le règlement est imprimé en caractères
trop fins, ou il est sale et déchiré et rendu illisible.

Aussi le besoin d'établir des prescriptions plus
strictes s'est-il fait sentir. Nous avons vu que la Suisse
exige l'affichage du règlement d'atelier imprimé en
gros caractères dans un endroit en vue. Pourtant, pour
raison d'économie, on permet, dans les petits établissements, l'affichage d'un exemplaire écrit à la main.

A cette obligation de l'affichage s'ajoute celle de
remettre une copie du règlement à l'ouvrier lors de
son entrée à la fabrique. L'ouvrier a droit absolu sur
cette copie. On ne peut la lui enlever ou le forcer
d'une manière quelconque à la restituer lors de la
sortie de la fabrique, car elle lui sera nécessaire pour
faire la preuve de la convention.

Faut-il exiger en outre la signature de l'ouvrier ?
On se heurterait certainement de ce côté à une
grande résistance. L'ouvrier, en effet, a la plus
grande répugnance à signer quelque chose. Il ne
faudrait pas cependant s'arrêter à cette considération.
Le jour où le patron serait forcé d'avoir la signature
de celui qu'il emploie, ce dernier se verrait bien forcé
à son tour de signer, et on y gagnerait peut-être alors

de le voir approfondir davantage le règlement à
l'ombre duquel il va vivre.

Ainsi, obligation d'un règlement, son affichage,
remise d'un exemplaire à l'ouvrier et signature de
l'ouvrier, telles sont les prescriptions que devraient
établir la loi.

Titre IV. — *Intervention des ouvriers*

Le règlement d'atelier, en partie tout au moins,
doit être considéré comme l'application du contrat
de travail. Or qui dit contrat dit discussion, entente,
accord entre les parties. Mais nous savons que ceci
n'est pas exact lorsqu'il s'agit du contrat de travail.
L'ouvrier se voit dans l'obligation d'accepter ou
d'aller chercher du travail ailleurs. Et par le fait même
de son entrée à l'atelier, il va accepter la subordination envers son employeur et reconnaître l'autorité
de celui-ci, en acceptant son règlement d'atelier qui
n'est autre chose que les prescriptions qui seront
observées pour l'exécution d'un ouvrage, les droits
et les devoirs accordés et imposés à chacun dans
l'intérêt de l'entreprise commune.

Il est indiscutable que le droit de fixer ces prescriptions appartient bien réellement au patron.
Comme le fait justement remarquer M. Bodeux, « la
responsabilité d'un ouvrier ne va pas plus loin que
la fidèle observance de ses obligations ; il peut exiger
en échange le droit d'être considéré comme un
homme et de recevoir en toute justice ce qu'on a fixé
dans une libre convention. La responsabilité d'un

patron va beaucoup plus loin, car, en droit, il est déjà responsable, d'après l'article 1384 du Code Civil, des dommages que son ouvrier aura causés à des tiers, pendant l'exécution du service auquel le patron l'emploie; et, en fait, ce n'est certes jamais près d'un ouvrier que le client vient se plaindre de la mauvaise exécution d'une commande ».

Ainsi, pour le patron, responsabilité intérieure et responsabilité extérieure. L'ouvrier, au contraire, rémunéré à forfait n'a pour ainsi dire aucun avantage direct au bon fonctionnement de l'entreprise. C'est un lourd fardeau qui retombe en entier sur le patron qui ne peut le porter que s'il est soutenu par l'autorité nécessaire. De là résulte, comme une impérieuse nécessité, le droit pour lui seul d'élaborer lui-même son règlement d'ordre intérieur ayant en vue les intérêts de tous.

Mais, écrit encore M. Bodeux, s'ensuit-il que la sujétion de l'ouvrier entraîne chez lui une impassibilité complète, la perte de toute volonté ou de toute amélioration ? Non. Il faut sauvegarder la liberté et la dignité de l'ouvrier, il faut préparer lentement mais sûrement l'amélioration, l'ascension des travailleurs ; une intervention de l'ouvrier se justifie alors et s'impose. Le patron est chez lui, certes, mais ce n'est pas un motif parce qu'on est chez soi de pouvoir tout et que qui entre perde toute dignité, toute personnalité, tout droit et devienne, dès le seuil de la porte, la chose et le bien du maître. Mais il est une raison plus sérieuse de la nécessité de l'intervention

des ouvriers dans la confection du règlement d'atelier.
On entend lui donner la valeur d'un contrat librement
discuté et consenti par les deux parties. Eh bien ! ne
semble-t-il pas nécessaire de permettre aux ouvriers
d'exprimer au moins leur avis, puisqu'il y a impossibilité pratique de leur permettre d'éliminer des
clauses jugées. nécessaires par le patron et qu'ils
désireraient ne point accepter. Il est de l'intérêt bien
compris des patrons eux-mêmes d'accorder une
attention toute spéciale aux observations de leurs
ouvriers.

Au point de vue de la paix sociale, la consultation
de l'ouvrier paraît également désirable.

Le docteur Hitze, rapporteur au Reichstag lors de
la loi de 1891 et partisan convaincu du règlement
ainsi que de la consultation ouvrière, a émis, à un
point de vue plus général, des considérations qui
méritent de trouver ici leur place : « Il est clair que
cette intervention de l'ouvrier agit d'une manière
conciliante sur l'ensemble, fortifie le sentiment de
l'honneur chez lui et rend les abus de l'administration plus difficiles... Ils ne pourront plus (les ouvriers
choisis pour formuler les vœux de leurs frères) se
contenter de la critique négative toujours facile ; on
leur demandera des projets de réformes positifs, et
la difficulté que leur offrira ce travail leur apprendra
à être plus équitables dans leurs appréciations ou
leurs exigences, et à distinguer le possible du chimérique. » « Le patron fournit l'usine que l'ouvrier
met en œuvre, disent, au contraire, les partisans de

la non intervention de l'ouvrier; c'est donc à lui à en
assurer le bon fonctionnement et la sécurité. C'est
lui qui est entièrement responsable des accidents
qui arrivent par le fait de cette usine et c'est donc
lui qui doit faire le règlement assurant à l'ouvrier
sa sécurité personnelle, le bon fonctionnement et la
tranquillité du travail. Si l'ouvrier était appelé à faire
le règlement ou même seulement à y collaborer, il
prendrait sa part de responsabilité et, même dans
le cas où ce règlement aurait été strictement exécuté,
le patron pourrait se retourner vers lui et le rendre
responsable de telle ou telle disposition ne garantissant
pas une sécurité complète. Il est donc nécessaire, dans
l'intérêt même de l'ouvrier, que le patron seul pré-
pare le règlement d'atelier et en assume l'entière responsabilité ». Ce système présenté par M. G. Michel
ne voit qu'une partie du règlement et dans les accidents n'envisage que ceux provenant de l'exécution
du règlement. En outre, il suppose que le corps
ouvrier collaborerait avec le patron, à titre égal, pour
la confection du règlement. Mais dans notre manière
de voir, l'ouvrier, en intervenant lors de la rédaction du règlement, ne fait que s'opposer à l'admission
de certaines clauses qui blessent son honneur, sa
dignité, ou que suggérer de salutaires mesures. Ce
n'est pas une collaboration, ni une coopération de
pair à compagnon.

Le rapporteur à la Chambre sur le premier projet
de loi sur le règlement d'atelier, M. St. Romme
avait également repoussé cette intervention de l'ou-

vrier dans la confection du règlement, sous ce
même prétexte de responsabilité de l'ouvrier. Mais
il y avait là, de sa part, une erreur provenant de l'idée
qu'il se faisait du règlement d'atelier. « Dans quelques ateliers heureusement fort rares, écrivait-il
dans son rapport, les règlements étaient censés
remplacer le contrat à intervenir avec l'ouvrier et
en tenir lieu. Il ne saurait en être ainsi. Le règlement d'atelier ne doit prévoir que l'organisation de
l'ordre intérieur dans l'usine, assurer son bon fonctionnement, mais ne saurait remplacer le contrat à
intervenir entre le patron et l'ouvrier qui peut donner
lieu à autant de dérogations qu'il y a d'individus. »
Il est du reste impossible de distinguer nettement
les règles prises pour la bonne organisation du travail de celles prises en exécution du contrat de
travail. Les mille petites conditions de ce contrat
se trouvent fixées par son organisation à l'intérieur
de l'usine.

D'ailleurs faire retomber un peu de responsabilité
sur l'ouvrier serait-il si critiquable? M. Mesureur ne
le pensait pas. En 1872, au Sénat, il voulait en effet
faire bien spécifier que le patron pouvait établir son
règlement non pas seul mais d'accord avec ses
ouvriers.

« Lorsque les ouvriers, disait-il, demanderont
— cela peut devenir une de leurs revendications très
légitimes,—à être entendus et à collaborer dans une
certaine mesure à la rédaction de ces règlements
d'atelier qui les touchent directement, les patrons

.s'appuieront sur le texte de la loi pour déclarer que seuls ils ont la faculté, le droit et le devoir de rédiger ces règlements. »

Or, il désirait vivement voir s'établir la pratique de la collaboration des ouvriers au règlement d'atelier, même si elle devait entraîner pour eux une certaine responsabilité. « Ne poursuivons-nous pas, ajoutait-il, dans toutes nos lois la création de cette responsabilité si nécessaire de l'ouvrier, la responsabilité à tous les degrés de la production industrielle ? Serait-il mauvais par exemple de faire entrer en jeu la responsabilité de l'ouvrier dans la rédaction de ces règlements d'atelier. Je ne le crois pas.

« Les chefs d'industrie ne sont pas tous, au point de vue professionnel, des hommes d'une compétence absolue. Ils peuvent avoir de hautes qualités pour la direction de leur industrie, pour son développement, mais, pour la réglementation du travail dans l'atelier lui-même, manquer des compétences spéciales, techniques, professionnelles que certains ouvriers possèdent.

« Quand les syndicats seront plus sérieusement organisés, cette responsabilité pourra d'ailleurs s'établir plus facilement: elle ne pèsera pas sur les ouvriers, mais sur l'association professionnelle elle-même, qui, possédant, exploitant peut-être elle-même certains commerces ou certaines industries, offrira toutes les garanties désirables. »

D'ailleurs cette responsabilité n'est pas une conséquence fatale de la collaboration ouvrière à la rédaction du règlement d'atelier. L'ouvrier ne peut être responsable des défauts du règlement et des suites fàcheuses que celui-ci peut avoir, lorsque l'on s'est contenté de le consulter sur le règlement proposé. C'est ce qui a lieu dans les législations étrangères.

En France même, cette intervention des ouvriers s'est déjà présentée. En 1848, à l'occasion du prêt de 3 millions fait aux Sociétés pratiquant la coopération ou admettant la participation aux bénéfices, on exigea des patrons l'insertion d'une clause reconnaissant à un Conseil d'administration nommé par les ouvriers le droit de statuer sur le règlement d'atelier.

Comment établir et organiser cette collaboration ouvrière? Le Conseil fédéral suisse a décidé, en 1878, que le dépôt préalable du projet dans les bureaux ou dans un local de la fabrique avec invitation affichée aux ouvriers de produire leurs réclamations dans tel délai, suffit pour remplir le vœu de la loi de 1877.

Bien entendu, ces réclamations, il est nécessaire que l'ouvrier puisse les adresser non seulement au patron ou au directeur de l'usine dont il peut craindre de voir son acte apprécié défavorablement, mais aussi à l'inspecteur du travail, lequel doit pouvoir taire son nom. Mais est-il bon de mêler indirectement ainsi un tiers dans la confection du règlement d'atelier? Ne vaudrait-il pas mieux permettre aux ouvriers de nommer des délégués qui seraient chargés de présenter leurs observations collectives. Là où des délégués ouvriers existent à l'état perma-

nent où fonctionnent les Conseils d'usine ou Chambres
d'explication, là se trouve tout établie la collaboration de l'ouvrier au Règlement d'atelier. Mais
ces mesures excellentes en elles-mêmes, dont
le développement contribuera peut-être à amener
la paix entre employeurs et employés, ne sauraient être
imposées par la loi. Elles ne sont d'ailleurs possibles ni dans toutes les industries, ni dans toutes les
régions, au moins à l'heure actuelle. Tout au moins,
en vue de favoriser leur développement, pourrait-on,
par une disposition imitée de la loi allemande, considérer que là où existent ces comités ouvriers, qui
symbolisent le corps ouvrier tout entier et centra-
lisent ses opérations, leur consultation est suffisante.
C'est en effet dans ces réunions, mieux que partout
ailleurs, que le patron mis en présence des deside-
rata des ouvriers, peut les satisfaire, les discuter,
faire tomber les préventions, les erreurs, les susceptibilités.

Titre V. — *Approbation ou Homologation*

Pour que le patron examine réellement les observations de ses ouvriers, il est nécessaire qu'elles
soient transmises à des autorités administratives
chargées d'examiner le règlement. Mais ici se présente une objection. Que vient faire ici l'autorité ?
De quel droit vient-elle s'immiscer dans les questions
intérieures de l'usine ? L'objection paraît impres-
sionnante, mais à la longue elle disparaît. Il y a là

un règlement qui intéresse un grand nombre peut-
être d'ouvriers, qui a été rédigé par le patron seul
dans la plupart des cas et qui, cependant, doit être
considéré comme ayant la valeur d'un contrat ;
d'autre part, l'inspecteur chargé de surveiller l'application des lois ouvrières doit être mis à même de
remplir sa tâche : or lui donner le règlement d'atelier
à viser est, à ce point de vue, pour lui, d'une grande
utilité.

Aussi doivent être approuvées selon nous les
législations hongroise et autrichienne qui déclarent
que le règlement doit être communiqué à l'autorité
qui le revêt de son visa s'il ne contient rien de
contraire aux dispositions de la loi. Dans ces
pays, le patron est donc libre de rédiger comme il
l'entend le règlement d'atelier ; le fonctionnaire tenu
seulement de donner son visa, joue une simple action
de présence, mais que nous considérons néanmoins
comme très importante.

Quant à donner un pouvoir plus important à l'autorité, cela ne nous semble pas désirable, et pourrait
devenir dangereux. Quelles seraient les dispositions
abusives, iniques que l'inspecteur pourrait refuser
d'appliquer. Ce serait l'arbitraire le plus complet.

Mais quelle sera la personne chargée d'apposer
son visa ? Jusqu'ici nous n'avons parlé que de l'inspecteur du travail ; c'est en effet à l'inspection que
cette tâche, croyons-nous, doit revenir.

L'inspecteur, autrefois, n'avait point accès dans les
magasins du commerce. La loi du 23 décembre 1900

fixant les conditions du travail des femmes employées dans les magasins, boutiques et autres locaux en dépendant et celle du 11 juillet 1903 sont venues combler cette lacune. Rien ne s'oppose d'ailleurs à ce que l'inspecteur du travail soit désigné pour approuver les règlements d'atelier et contrôler leur application.

Un autre système avait été proposé par le Conseil supérieur du travail : soumettre le règlement d'atelier à l'homologation du Conseil des Prud'hommes ou, à défaut, du juge de paix du canton. Il a été sans doute suggéré par la pratique de divers Conseils de Prud'hommes, qui considèrent comme non avenu tout règlement d'atelier non approuvé par eux.

Cette disposition a fait l'objet de vives critiques : Le Conseil des Prud'hommes ou le juge de paix auraient en effet un droit beaucoup plus étendu que la plupart des fonctionnaires étrangers, chargés simplement d'examiner si le règlement ne contient rien de contraire aux lois et d'apposer leur visa, cette constatation faite ; le Conseil des Prud'hommes, au contraire, est chargé d'homologuer, ce qui lui donne par suite le droit de discuter le projet. « Comment ! on ferait approuver les règlements par les Prud'hommes, tribunaux industriels composés mi-partie d'ouvriers et de patrons, où la moitié du temps les ouvriers ont la prépondérance et... ils usent de cet avantage non dans l'intérêt de la justice, mais pour satisfaire leur hostilité contre les patrons, et c'est à de tels hommes qu'on donnerait le pouvoir d'accepter ou de ne pas accepter les règlements que les patrons jugent nécessaires d'établir ? » [1]

Il faut bien reconnaître que souvent les Prud'hommes se sont exposés à des critiques de ce genre. Mais il est un autre motif qui doit faire repousser ce système : il est mauvais que l'homologation d'un règlement soit soumise à un corps appelé ensuite à juger les contestations qui se produiraient à son sujet ; cette confusion entre les mêmes mains d'une fonction administrative et d'une fonction judiciaire serait contraire à la bonne administration de la justice ; c'était, du reste, l'avis de plusieurs de ces Conseils, qui ont fait remarquer « que si les prud'hommes devaient approuver les règlements d'atelier avant leur mise en application, ces tribunaux n'auraient plus une liberté suffisante d'appréciation pour les contestations qui leur seraient ultérieurement soumises par les patrons ou les ouvriers relativement à l'application des clauses des dits règlements ».

C'était également l'avis du rapporteur au Sénat en 1894, de M. Maxime Lecomte, qui estimait qu'il y aurait là une confusion choquante.

L'inspecteur du travail ou le Conseil de préfecture ne donnent pas lieu aux mêmes critiques.

---

(1) Hubert-Valleroux. — Le Contrat de travail, page 375.

CHAPITRE VI

DES AMENDES

Toute prescription doit avoir une sanction. Aussi le patron est-il amené à établir des pénalités afin de faire respecter les mesures qu'il juge utile de prendre pour la bonne direction et le bon ordre de son établissement. Ces sanctions du règlement sont la réprimande, l'amende, la mise à pied et le renvoi. La plus usitée de toutes, celle qui va nous retenir, est l'amende ; nous aurons du reste, chemin faisant, à nous occuper des autres.

L'amende peut être définie, en effet, la punition pécuniaire infligée par le patron à l'ouvrier ayant commis une infraction au règlement d'atelier, s'il en existe un, ou ayant tout simplement commis, à l'occasion de son travail, un acte jugé coupable par ses chefs. Il y aurait beaucoup à dire sur les amendes ; mais la loi qui s'en occuperait exclusivement serait plus justement appelée une loi protectrice du salaire de l'ouvrier, et elle sortirait du cadre de cette étude.

Pourtant, c'est là une clause du règlement d'atelier, nous devons donc sommairement examiner cette

question et voir les dispositions de la législation
de demain.

Et d'abord cette sanction est-elle juste ?

Le patron est ici, a-t-on dit, législateur, juge et
percepteur. Le peut-il ?

L'amende est une reprise sur le salaire dû, c'est
du travail non payé. En 1892, un député patron
s'éleva à la Chambre contre le principe de l'amende,
voyant en elle « l'exercice abusif d'un droit que le
patron n'a pas, la suppression partielle du paiement
d'un travail qui a été fait. »

Nous ne saurions admettre ce point de vue. Sans
doute, cela aboutit à une reprise sur le salaire, mais
par compensation. A notre avis, en effet, l'amende
doit être considérée comme une clause pénale, l'ouvrier l'a acceptée en acceptant le règlement d'atelier,
le patron n'est donc pas absolument seul législateur ; juge, il n'en est pas toujours besoin pour
constater l'infraction ; il se voit, en effet, peu d'exemples de contestations de la part de l'ouvrier du fait
qui a motivé l'amende ; en cas de contestations
d'ailleurs, le Conseil des Prud'hommes est là pour
trancher le différend ; quant à percepteur, cela est
naturel. Par ces considérations, on voit que l'amende
n'est juste et non arbitraire que lorsqu'un règlement
a été écrit ou tout au moins que lorsque l'ouvrier ne
peut avoir aucun doute sur les cas où cette pénalité
peut lui être appliquée et sur le chiffre qu'elle peut
atteindre. Pas de règlement, pas d'amendes, tel
devrait être le principe. Il est inadmissible que le

patron ou le contremaître puisse exiger de l'ouvrier une certaine somme sans que celui-ci ait pu le prévoir bien nettement. En général, dans les usines, elles sont prévues dans un règlement écrit; mais ailleurs, dans les cafés et restaurants par exemple, les amendes sont souvent appliquées avec l'arbitraire le plus complet. C'est ainsi que dans un Bouillon bien connu de Paris, des amendes qui atteignent parfois 10 fr. sont infligées à des femmes dont le salaire moyen n'atteint souvent pas 3 fr., et pour des actes ne causant au patron aucun préjudice.

Comme en France, aucune loi n'est intervenue en la matière, les amendes, on le comprend facilement, sont devenues souvent une source d'abus intolérables, de tous points comparables à ceux du Truck-system. Oubliant que c'est presque toujours sur un salaire minime et pour des fautes légères que sont prélevées ces retenues, le patron peut trop facilement introduire par ce moyen la gêne dans la famille ouvrière ou le découragement dans son personnel. Le plus souvent, l'amende est infligée par le contremaître et devient entre ses mains un instrument de vengeance ou d'intérêt personnel. On a vu des contremaîtres punir par ce moyen des ouvrières qui n'avaient pas voulu céder à leurs instances. C'est très généralement que des contremaîtres sont en butte à cette accusation fondée ou non de la part des ouvrières sous leurs ordres.

Enfin, on reproche à l'amende d'être devenue, pour certains patrons peu scrupuleux, un moyen

scandaleux d'augmenter leurs revenus et de reprendre d'une main une partie du salaire qu'ils ont versé
de l'autre. C'est ainsi qu'il existe dans les Vosges
— où cette pratique est assez répandue — un château
appelé « le château des Amendes » parce qu'il a été
bâti avec leur produit, dit-on.

Dans son rapport au Conseil Supérieur du travail
sur les règlements d'atelier, M. Keufer cite de nombreux abus. « Un inspecteur, dit-il, signale le cas
d'un patron dans la région du Nord qui a infligé des
pénalités financières à des enfants de 10 à 12 ans
parce qu'ils avaient manqué à l'école du soir. Et pourtant dans ce même établissement, les enfants de
10 à 12 ans au mépris de la loi, travaillent beaucoup
plus de six heures par jour. »

« Il y a des filatures où l'on frappe d'une amende
de 5 fr. un ouvrier qui ne gagne que 3 fr. par jour,
lorsqu'il a laissé chômer son métier ou lorsqu'il s'est
absenté. Ces amendes sont souvent infligées sans
même attendre les explications de l'ouvrier, qui
peut avoir été malade sans pouvoir présenter de
certificat de médecin, ou empêché de venir à son
travail pour une raison légitime. On lui fait subir
une retenue considérable, quelquefois supérieure à
son salaire [1]. »

De grands abus ont eu lieu; cela est certain et a
été reconnu. D'après l'Office du travail, 22 % des
établissements employant 47 % des ouvriers atteints

---

(1) Discours de M. Le Gavrian Ch., 4 novembre 1892, p. 1424, col. 2.

par l'enquête ont reconnu infliger des amendes à
leur personnel, en dehors des retenues pour malfaçon. On n'en avait relevé dans le département de la
Seine que 6 °/₀ occupant 23 °/₀ des ouvriers. Parmi
les établissements à propriétaire unique, les amendes
sont principalement pratiquées dans les petits établissements ; tandis que pour les Sociétés anony-
mes, le nombre d'ouvriers par établissement où les
amendes sont en usage est supérieur à la moyenne.
Il semble pourtant que la pratique des amendes, à
Paris surtout, tend à devenir de moins en moins fré-
quente. Mais la nécessité d'une loi sur la question
n'en existe pas moins.

On a reproché à l'amende d'être injuste et immo-
rale, attentatoire à la dignité des ouvriers qui se
plaignent d'être ainsi traités comme des écoliers.

Ce n'était pas l'avis de M. Maxime Lecomte qui
écrivait dans son rapport:

« Il est certain que la prohibition des amendes,
« quoi que que l'on puisse dire, quoi que l'on puisse
« penser, ne serait pas favorable à la masse des
« ouvriers. Il faut — et cela est reconnu par tout le
« monde — il faut dans l'intérieur de l'atelier une disci-
« pline ; et comment la maintenir sans une sanction ?
« Si vous enlevez cette sanction légère d'une amende
« modique, vous n'en trouvez pas d'autre que le
« renvoi pour un temps donné, pour une demi-
« journée ou plus, ou le renvoi définitif de l'atelier.
« Les Chambres de commerce se sont prononcées
« énergiquement contre la supression des amendes.

« Quant aux Conseils de Prud'hommes, je dois
« reconnaître qu'ils se sont laissé entraîner, au con-
« traire, par un mouvement qui tend à l'interdiction
« des amendes. On a soutenu, Messieurs, que
« l'amende était attentatoire à la dignité de l'ouvrier.
« Je ne puis le croire; car, si nous examinons ce qui
« se passe sous nos yeux, nous voyons qu'il n'est pas
« de société amicale, de société de musique, d'or-
« phéon ou autre qui n'ait accepté le système des
« amendes comme sanction de son règlement. Les
« employés de l'Etat, les employés de chemins de
« fer sont soumis aussi à des amendes, et,
« si nous allons dans une sphère élevée, nous
« voyons que l'amende, sous une autre forme, y est
« encore connue. Nous avons la demi-solde pour les
« officiers, la retenue de traitement pour les ecclé-
« siastiques. Nous avons même pour les membres
« du Parlement la retenue de la moitié de l'indemnité
« parlementaire lorsque certaines infractions au
« règlement sont commises par eux... Il est évident
« aussi qu'il n'est pas de l'intérêt, de la dignité de
« l'ouvrier d'être mis à pied, c'est-à-dire d'être ren-
« voyé de l'atelier. Dans ce cas, vous savez ce qui se
« passe: non seulement l'ouvrier mis à pied perd le
« salaire de la période de renvoi, mais, pendant ce
« temps, il est condamné à l'oisiveté; il va dépenser,
« à son grand détriment et au détriment de sa
« famille, l'argent qu'il a précédemment gagné... Un
« grave inconvénient de la mise à pied qui est signalé
« par les hommes compétents, c'est que cette mise

« à pied, même d'un seul ouvrier, peut, dans un
« atelier, désorganiser une équipe dont il fait partie
« et même désorganiser l'atelier tout entier, si le
« travail est engrené de façon que l'absence de
« quelques-uns trouble le travail de tous. Au point
« où j'en suis arrivé de cet exposé, je crois qu'il
« m'est permis de conclure que le véritable intérêt
« des ouvriers, — et c'est à ce point de vue que nous
« devons nous placer surtout — commande de main-
« tenir les amendes, si elles sont modérées, bien
« entendu, si le produit en est employé dans l'intérêt
« même des ouvriers de l'atelier... Votre Commis-
« sion, Messieurs, d'accord avec le gouvernement,
« n'a pas cru devoir s'arrêter au système qui a triom-
« phé devant la Chambre des députés, c'est-à-dire
« l'interdiction des amendes. Elle n'a pas cru non
« plus pouvoir passer cette question sous silence...
« Il y a bien des ateliers où l'on ne pratique pas cet
« usage, mais si nous souhaitons vivement voir les
« industriels se passer des amendes, si nous les y
« engageons, nous ne pouvons pas, d'autre part,
« ignorer que dans beaucoup d'ateliers les amendes
« sont nécessaires, qu'elles existent ; nous ne pouvons
« pas ignorer non plus que dans certains ateliers ces
« amendes sont excessives, qu'elles sont perçues au
« profit personnel du patron..., votre Commission,
« Messieurs, a pensé que le système des amendes
« devait être autorisé, mais à une triple condition :
« la première, c'est que l'amende fut prévue par le
« règlement d'atelier. Il faut que sur un point si

« grave, il n'y ait absolument aucun doute sur l'exis-
« tence du contrat, sur la portée que, par une com-
« mune intention, les parties ont donnée à ce contrat.
« Donc en l'absence de règlement d'atelier, le patron
« ne pourra pas percevoir d'amende. Le règlement
« d'atelier qui prévoit l'amende devra être porté
« dûment à la connaissance des ouvriers. Il le sera de
« deux façons : par le dépôt du règlement au secré-
« tariat du Conseil des Prud'hommes ou, à défaut,
« au greffe de la justice de paix, et ensuite par l'af-
« fichage dans l'atelier. La deuxième condition, c'est
« que l'amende soit modérée.... »

« Enfin il faut en 3ᵉ lieu que le produit de ces pénalités soit employé dans l'intérêt des ouvriers. »

Nous partageons cet avis. Sans doute, notre plus
vif désir est de voir disparaître la pratique des amendes, condamnée d'ailleurs par beaucoup d'industriels. « Si vous ne pouvez vous entendre avec votre
ouvrier, disent-ils, quittez-le, mais pas d'amende.
Elles ne servent qu'à l'irriter. Les nombreuses
grèves dues aux amendes en sont la preuve. » Mais
dans certains cas, en admettant qu'elles puissent
être utiles, il faut permettre l'usage de cette clause
pénale, et en prévenir les abus. « Comme le consta-
tait M. Maxime Lecomte dans son second rapport,
la majorité des Chambres de commerce se sont prononcées pour la réglementation. Le maximum fixé
ne doit pas cependant être trop minime. L'expé-
rience faite en Belgique, dit-il, depuis la promulgation de la loi du 15 juin 1896 montre l'inconvénient

qui résulte d'un taux trop minime (le cinquième).
Voici un tableau comparatif, pour un certain nombre
de sociétés houillères du bassin de Mons (14), de
résultats pendant l'année qui a suivi cette application :

	Année 1896	Année 1897
Nombre de journées de travail du trimestre	73	72
Nombre d'ouvriers occupés	26122	27778
Total des absences pendant le trimestre	1973	5976
Montant des retenues occasionnées par les absences	4627.84	3376.30
Montant des salaires perdus par les ouvriers par suite de ces absences	10284.67	22382.65

On remarque que la perte des salaires, qui était
d'environ 60 centimes par tête d'ouvrier a été portée
à 1 franc, « par suite de la diminution du taux des
amendes qui servaient de sanction à la police intérieure des houillères. »

Dans son rapport, M. Maxime Lecomte demande
aussi le maintien de la mise à pied repoussé par la
Chambre des Députés, en se basant sur l'avis d'une
Chambre de Commerce. « Supposez en effet, dit une
délibération de la Chambre de Commerce de Lille
du 23 janvier 1899, qu'un mécanicien chargé de la
conduite d'une machine et des chaudières à vapeur

se présente dans un état d'ébriété tel qu'il est exposé à commettre des erreurs et à causer de terribles accidents ; que d'autres se prennent de querelle, insultent le contre-maître et se mettent à fumer au milieu de matières inflammables, n'y a-t-il pas là des fautes assez sérieuses pour laisser au patron la possibilité de faire sortir l'ouvrier qui s'en rendrait coupable ?»

« Nous voyons là, ajoute le rapporteur, une mesure indispensable que le patron doit prendre pour sauvegarder sa responsabilité et dans l'intérêt de l'ensemble de ses ouvriers. D'après la proposition, cette mesure peut devenir un encouragement pour le délinquant puisque la mise à pied ne doit pas entraîner de suppression de salaires et que la journée doit lui être payée quand même. Le patron n'hésitera pas à se priver définitivement des services de cet ouvrier et c'est ainsi que la disposition qui, en apparence, semblait devoir protéger l'ouvrier, son salaire, l'existence de sa famille, se tourne en réalité contre les intérêts qu'on avait en vue de défendre. On peut faire remarquer en outre que l'abus des mises à pied n'est guère à redouter parce que, dans un atelier le travail de l'un commande celui de l'autre et que le renvoi immédiat d'un ouvrier gênera souvent ou même empêchera complètement le travail d'une équipe ? »

M. Lecomte cite ensuite l'exemple du Petit Saint-Thomas qui avait supprimé les amendes et dont les employés eux-mêmes ont témoigné de leur préférence pour l'ancien régime. A certaines époques de l'année,

on procède à une série d'exemples, c'est-à-dire que
les amendes sans être très usitées sont rétablies, et
leur produit est versé à une Caisse de secours admi-
nistrée par les employés. Si la suppression absolue
des amendes est facile dans une administration qui
dirige un personnel d'élite, il n'en est pas toujours
ainsi. « Instituer, dit-il, ce lit de Procuste qui ne
tient compte d'aucune différence, méconnaît les nécessités nées des habitudes prises et des circonstances
les plus diverses, c'est nuire à l'industrie et au commerce et, la plupart du temps, c'est nuire à l'employé
tout en ayant l'excellente intention de le protéger. »

Aussi faut-il espérer que la loi future ne supprimera
pas, mais réglementera les amendes, en étendant cet
article à tous les corps de métiers. C'est ce qu'ont
fait les législations étrangères.

En Angleterre, l'article 1er de la loi du 14 août 1896
est ainsi conçu : « Nul patron ne pourra exiger
d'amendes de ses ouvriers par voie de retenue sur
les salaires ou autrement que si : a) elles résultent
d'une convention affichée en un endroit où il soit facile
de la lire et de la copier ou encore d'un contrat signé
par l'ouvrier ; b) la convention spécifie bien les motifs
pouvant entraîner des amendes, et le montant des
amendes dues dans chaque cas ; c) l'amende répare
un dommage causé par l'ouvrier par l'interruption de
son travail ; d) le montant de cette amende est en
proportion de la faute et raisonnable. »

Il paraît que cet article a eu pour résultat de supprimer presque complètement la pratique des amendes.

CONCLUSION

Les industriels se plaignent beaucoup en France
du grand nombre de réglementations qui les concernent. Peut-être même se plaignent-ils davantage de
l'esprit qui a présidé à la confection des lois ouvrières
et surtout qui préside à leur application. Ont-ils toujours tort ? le fait suivant permet d'en douter.

Un établissement de la région de Rouen avait men-
tionné sur son règlement d'atelier que les portes de
l'usine seraient ouvertes cinq minutes avant la mise
en marche et cinq minutes après l'arrêt des métiers.

L'inspection du travail ayant dressé 120 contraventions, l'affaire fut portée au tribunal de simple police
qui condamna à 120 amendes de 5 francs chacune, le
chef de l'établissement.

En vain, ce dernier avait fait valoir que, contraire-
ment aux allégations de l'inspecteur du travail, son
personnel n'était astreint, avant la mise en marche,
à aucune occupation industrielle, et qu'aucune
amende ne sanctionnait la disposition du règlement
relative à l'ouverture et à la fermeture des portes.

Sur appel de cette décision, le 23 décembre 1902,
le tribunal correctionnel a réformé le jugement par

des considérants de fait et de droit très fortement
motivés.

Le tribunal proclame tout d'abord que la loi ne
permettant pas une durée de travail supérieure à
dix heures et demie, ne laisse place à aucune ambi-
guïté; qu'elle ne s'applique qu'à un travail réel et matériel; qu'elle exige la constatation positive d'un acte
de travail ainsi déterminé et qu'elle exclut toute
démonstration basée sur des hypothèses ou des sup-
positions.

Le jugement ajoute que la durée effective du travail ne doit pas être confondue avec la présence des
ouvriers dans l'établissement, soit avant, soit après
le travail proprement dit; qu'il n'est pas allégué
que les métiers aient été mis en marche ou arrêtés
après l'heure indiquée dans le règlement de l'établissement; que ce règlement exige seulement la présence des ouvriers à leur métier au moment précis
de la mise en marche ou de l'arrêt; que, pendant les
cinq minutes qui précèdent la mise en marche aussi
bien que pendant les cinq minutes qui suivent l'arrêt,
les ouvriers sont autorisés à vaquer à des soins de toi-
lette, changements de vêtements, etc..; que l'exigence
du règlement obligeant les ouvriers à être à leurs
métiers et à fournir réellement un travail effectif de
dix heures et demie est légitime et que des changements de vêtements ne peuvent être assimilés à des
préparatifs de travail industriel; que le règlement
indique formellement à quoi sont consacrées les

cinq minutes qui précèdent la mise en marche et qui suivent l'arrêt des métiers.

En conséquence, le tribunal relaxe M. B. sans dépens.

Mais si les patrons sont très généralement opposés à tout nouveau projet de législation ouvrière, cela ne vient pas seulement de leur crainte quant à la manière dont elle sera appliquée ; cela vient surtout de ce qu'ils jugent le moment actuel mal choisi pour réglementer encore, les forcer à faire peut-être de nouveaux frais, et par suite augmenter leur prix de revient en présence de la concurrence étrangère.

Ils la redoutent d'autant plus, en l'état de grèves continuelles qui sévit actuellement, que la main d'œuvre, quoi qu'on en dise, est en France plus chère qu'à l'étranger.

Voici, à ce propos, les résultats de l'enquête faite en Amérique sur l'industrie cotonnière par M. Young, envoyé spécial du « *Manchester Guardian* ».

L'ouvrier anglais payé à raison de 30 francs par semaine pour quatre métiers, gagne 7 fr. 50 par métier ;

L'Américain touchant 59 fr. 37 pour 8 métiers gagne 7 fr. 42 par métier, soit un peu moins que l'Anglais.

En France, il nous en coûte pour faire marcher un métier 33 fr. 84, divisés par 2 soit 16 fr. 92 au lieu de 7 fr. 50.

L'Américain gagne une moyenne de 59 fr. 30, c'est possible, mais c'est avec 8 métiers, ce qui fait ressortir le salaire par métier à 7 fr. 40 et indique que le mètre de tissu, coûte singulièrement moins cher au patron américain qu'à l'industriel français.

En France, nous n'en sommes qu'à 2 métiers et à Saint-Quentin il a fallu 4 mois de grèves pour décider nos tisserands à en conduire 3.

Il nous semble néanmoins, et nous espérons l'avoir démontré au cours de cette étude, qu'en ce qui concerne ce projet de loi sur les règlements d'atelier, quelles que soient les charges qui pèsent sur l'industrie, patrons et ouvriers ne peuvent que gagner à avoir vis-à-vis l'un de l'autre une situation nette et précise. Le patron a tout intérêt à voir les dispositions qu'il a cru nécessaire de prendre et que son ouvrier a acceptées, sanctionnées par les tribunaux. L'ouvrier lui-même a avantage à bien connaître les conditions qui lui sont faites à l'intérieur de l'usine et à les voir contrôlées par une assemblée ou approuvées par l'autorité.

Ce sont là les raisons qui rendent nécessaire une loi sur la question. Peut-être le besoin s'en serait-il fait moins sentir si les Conseils de Prud'hommes eussent rendu des jugements moins différents. Eux-mêmes cependant se scandalisent de cette espèce d'anarchie juridique et en demandent la suppression.

Le Congrès du Havre — ces assises des Prud'hommes qui se tiennent à l'heure actuelle et auxquelles participent plus de 90 délégués, venus des points les plus éloignés — se propose en effet d'inviter les pou-

voirs publics à élaborer et à voter un Code du travail
dont l'absence donne lieu à tant de divergences et de
contradictions.

Vu :
Le Professeur,
RAOUL JAY.

Paris, 24 Septembre 1904,
Pour le Doyen : l'Assesseur,
CH. LYON CAEN.

Vu et permis d'imprimer :
Le Vice-Recteur de l'Académie de Paris,
L. LIARD.

TABLE DES MATIÈRES

Senlis. — Imprimerie MIRIAM, 1, rue de la Bertauche

www.ingramcontent.com/pod-product-compliance
Lightning Source LLC
Chambersburg PA
CBHW072310210326
41519CB00057B/4022